Renaissance et Réforme

1492-1547

Claude Semnoz

Renaissance et Réforme

1492-1547

Préface de Pierre Miquel

Librairie Larousse
17, rue du Montparnasse 75006 Paris

Notre couverture :

Antoine Macault présente à François Ier sa traduction de Diodore de Sicile.
Musée Condé, Chantilly.
Phot. Lauros-Giraudon.

Rédaction
Alain Melchior-Bonnet
avec le concours de Pierre Thibault

Secrétariat
Jocelyne Bierry

Correction-révision
Bernard Dauphin, Annick Valade

Documentation iconographique
Bernard Crochet

Mise en pages
Eva Riffe
assistée de Jean-Michel Barthélèmy

Couverture
Gérard Fritsch

Photographie
Gérard Le Gall, Jacques Bottet, Gilles Lours,
Jacques Torossian, Michel Toulet

Direction artistique
Frédérique Longuépée et Henri Serres-Cousiné

ISBN 2-03-799074-X

Cette série a été publiée sous le titre
« Histoire de France illustrée/2 000 ans d'images » par la
Librairie Larousse

Sélection du Reader's Digest, S.A.
212, boulevard Saint-Germain, 75007 Paris
Achevé d'imprimer : janvier 1992
Dépôt légal en France : février 1992
Dépôt légal en Belgique : D-1991-0621-12
ISBN 2-7098-0333-X

Impression et reliure : Grafica Editoriale (Bologne)

IMPRIMÉ EN ITALIE
(Printed in Italy)

Préface

LES MOTIVATIONS DES ROIS DE FRANCE CHEVAUCHANT VERS L'ITALIE SONT ENCORE FÉODALES. Charles VIII, Louis XII et François Ier estiment avoir droit, par héritage, à certains riches fiefs d'outre-monts. Ils découvrent dans la plaine du Pô et surtout dans les villes d'Italie centrale, précieusement enchâssées dans l'Apennin, une tout autre réalité que celle des seigneuries et des tournois. Peuvent-ils continuer à faire la guerre comme des rois francs, chargeant de tout leur poids, tuant et renversant l'ennemi sur leur passage, alors qu'ici le problème des chefs militaires, les condottieres, est de tuer le moins possible et d'épargner la vie des hommes qu'ils entretiennent à grands frais ? Peut-on faire sérieusement la guerre dans un pays où le pape, Jules II, se dit soldat, revêt l'armure et pose devant les peintres dans sa tenue martiale ?

Les Français n'en croient pas leurs yeux. Les campagnes se déroulent dans des pays de rêve. Pas de pavés dans les villes, du marbre, des places étincelantes, des palais d'un luxe inouï. Si le Dôme de Milan leur rappelle un peu les cathédrales du Nord (il a été construit par des Allemands), le Dôme de Florence, œuvre de Brunelleschi, les étonne et les séduit. L'inclinaison délicate de la tour de Pise, la splendeur polychrome de la façade d'Orvieto, les fresques des peintres dans les églises et les couvents, toute l'Italie est révélée d'un coup aux rudes seigneurs de la cour de France ! Ils comprennent rapidement qu'un tel raffinement ne doit rien au hasard, mais à la richesse de la civilisation italienne, qui a repris le contact commercial et culturel avec l'Orient. Gênes, Venise, Florence sont des villes manufacturières et marchandes, qui utilisent les dernières techniques industrielles et bancaires pour arrondir leur fortune. Les ouvriers de la laine et de la soie, ceux des fabriques d'armes et de bijoux travaillent par milliers dans les fabriques et les ateliers. Ils exportent dans toute l'Europe et se donnent les moyens d'entretenir les artistes, les écrivains, les génies de la Renaissance, dont les Français ont la révélation. On peut donc restaurer la splendeur de cette civilisation de l'Antiquité, où la Méditerranée était le lac intérieur d'hommes ayant les mêmes pratiques religieuses et politiques, les mêmes croyances, la même culture ? Un monde nouveau, qui devait tout aux artistes, mais aussi à la science, se mettait en place. Il était urgent que la France se mît à l'école de l'Italie dans tous les domaines. François Ier attira dans sa capitale les meilleurs esprits. Il fallait qu'ils puissent s'acclimater sur les bords de la Seine et de la Loire, qu'ils traduisent Pétrarque et Virgile, qu'ils apprennent aux poètes français à rimer, aux peintres la perspective, aux architectes les lois de construction rationnelle. Léonard de Vinci, au soir de sa vie, allait travailler en France.

Le mouvement est lancé. Le Collège de France, en face de la théologique Sorbonne, ouvre ses portes à tous ceux qui veulent, à l'instar d'Érasme, retrouver la pureté des Saintes Écritures en les dépouillant de tous les textes postérieurs, dus aux Pères de l'Église. On engage des hellénisants, des hébraïsants, de très grands latinistes. Les cours de Lefèvre d'Étaples sont bientôt suivis par des foules d'étudiants. Pour la première fois, les Français publient des textes en grec ancien, et Guillaume Fichet édite les grands auteurs latins. Guillaume Budé et Lefèvre d'Étaples, commentateur d'Aristote, sont des familiers du roi François Ier, qui dispute Érasme à Léon X et au roi d'Angleterre Henri VIII. Tous les souverains veulent avoir à leur cour des «humanistes» qui répandent les idées nouvelles, la culture de l'Antiquité enfin retrouvée après des siècles d'ignorance. C'est Guillaume Budé qui crée le Collège des lecteurs royaux, futur Collège de France.

Le roi veut lire. Il commande lui-même à Claude de Seyssel une traduction de Thucydide et de Xénophon, à Amyot celle de Plutarque, à un autre «humaniste» celle d'Homère, car il n'entend pas le grec. Les grands seigneurs imitent le roi. C'est un prince de l'Église, le cardinal Jean du Bellay, qui protège et nourrit Rabelais. Grâce aux efforts des écrivains, philologues et humanistes, le français devient enfin une langue littéraire. Rabelais mais aussi Montaigne illustrent la prose, cependant qu'une école de la poésie, avec Ronsard et du Bellay, fleurit sur les bords de la Seine et de la Loire. On l'appelle la Pléiade. En 1549, du Bellay publie *Défense et illustration de la langue française,* affirmant l'intention bien arrêtée des écrivains du royaume de fonder une langue aussi noble que l'italien de Pétrarque.

De retour en France, les rois chevaucheurs ne supportaient plus les façades sévères des châteaux et les cours tristes des villes. Ils résolurent de changer le décor de la vie. On construisit au Louvre une aile à l'italienne, et les palais italiens sortirent de terre à Lyon, à Avignon, à Rouen, à Dijon. Les châteaux construits par le roi sur les bords de la Loire n'avaient plus rien de commun avec l'architecture féodale. Leurs escaliers délirants, leurs vastes fenêtres, les plafonds ornés, tout indiquait le désir de rompre avec le passé triste de la guerre de Cent Ans, avec les rudes demeures des anciens chevaliers. Le roi François voulait de l'air, de la lumière, de la gaieté. À Paris, Pierre Lescot multipliait les colonnes sur les murs du Louvre et Philibert Delorme édifiait, pour le roi, un tombeau très italien. Le roi voulait au Louvre un décor digne de *la Joconde,* qu'il venait d'acheter en Italie. Pour lui, le Florentin Cellini sculptait la *Nymphe de Fontainebleau,* destinée au château d'Anet. Sans doute Paris ne ressemblerait-il jamais à Florence ou à Venise, mais les habitudes de mécénat étaient prises. Désormais, les rois auraient autour d'eux les plus grands artistes et encourageraient les écrivains.

Pourtant, les humanistes, dans leur ardente recherche des textes anciens, allaient soulever un puissant mouvement de contestation de l'ordre religieux, qui mettrait en question le pouvoir royal. Ni François Ier, ni les humanistes du Collège des lecteurs royaux ne l'avaient sans doute prévu : leurs idées sentaient le soufre. Lefèvre d'Étaples, familier du roi et surtout de la duchesse Marguerite d'Angoulême, sa sœur, devait créer à Meaux, autour de l'évêque

Briçonnet, une sorte de cénacle où fermentaient les nouvelles thèses sur la purification nécessaire de la religion. Pour réformer les mœurs du clergé, il fallait rapprocher l'Église des fidèles, éduquer les prêtres, leur apprendre les évangiles en français.

Si tous devaient revenir aux sources de la religion, comment le clergé maintiendrait-il les pratiques héritées des siècles passés, en particulier le culte de la Vierge et des saints ? On venait de loin à Meaux pour assister aux prêches, aux discours en français, aux séances de lecture des nouveaux évangiles, imprimés sur les presses de Simon de Collines. Guillaume Farel, un agitateur aux cheveux roux, s'enflammait contre l'idolâtrie, encourageait le peuple à la révolte. Un placard était bientôt affiché sur les portes de la cathédrale de Meaux, où le pape était traité d'« antéchrist ». Un petit groupe de Français, son évêque en tête, entrait en dissidence. Le roi n'osait pas sévir. Il laissait se développer la réforme. Après tout, il n'avait rien contre ces gens qui refusaient de payer au pape ses « indulgences ». La défense des intérêts du souverain pontife n'était pas son affaire.

En 1524, quand les gens de Meaux manifestaient devant la cathédrale, les idées séditieuses du moine Luther avaient envahi l'Allemagne. Depuis 1520, elles étaient connues à Paris et circulaient sous le manteau. Des prédicateurs sillonnaient toute la France pour prêcher la nouvelle « réforme ». Dans de nombreux villages, les statues de la Vierge et des saints étaient martelées. Des libelles se répandaient. L'Église, la première, organisa la répression. En 1525, Lefèvre d'Étaples et Guillaume Farel durent s'enfuir.

Moins de dix ans plus tard, le roi est obligé de prendre position. Sur la porte de sa chambre, il trouve un « placard », où l'on dénonce « les insupportables abus de la messe papale ». Il faut que le roi de France dise enfin s'il croit encore au Dieu de l'Église catholique. Au temps de la Renaissance, des églises à l'italienne et de la construction des beaux châteaux de la Loire, François Ier doit laisser s'allumer les bûchers de la Contre-Réforme. La persécution commence. Un inconnu proteste. Il publie en 1536 une *Institution de la religion chrétienne.* Le livre est écrit en latin et son auteur est devenu célèbre, il s'appelle Jean Calvin.

Si le roi couvre la persécution, les « réformés » français, que l'on appela bientôt les « huguenots », ont trouvé leur maître, qui écrit dans leur langue un nouveau catéchisme. Il se fixe en 1541 à Genève, où il retrouve Guillaume Farel. La Réforme, de langue française, a trouvé hors du royaume sa capitale. Toutes les conditions des guerres de Religion sont réunies : un apostolat, une résistance organisée sur le territoire dans toutes les classes de la population, une répression officielle qui multiplie les victimes et les partisans. La France va connaître quarante ans de malheurs.

Pierre Miquel

Sommaire

1483-1498 Charles VIII

A LA MORT DE SON PÈRE, EN 1483, Charles VIII n'avait que treize ans. Le vieux roi avait, par testament, confié la tutelle de son fils à sa fille aînée, Anne de Beaujeu, dont il connaissait la sagesse, et au mari de celle-ci, Pierre de Beaujeu, cadet de la maison de Bourbon. Les Beaujeu firent aussitôt sacrer Charles à Reims. Leur premier but, en prenant en main les rênes du gouvernement, fut de mettre au pas les grands, et en particulier leur tumultueux cousin Louis d'Orléans, très proche du trône et entouré de tout un parti fort remuant. Le duc d'Orléans se trouvait d'autre part beau-frère des Beaujeu et du jeune roi, ayant dû épouser, par la volonté de Louis XI, la seconde fille de celui-ci, Jeanne, malheureuse princesse contrefaite. Hostile à l'autorité des Beaujeu, Louis d'Orléans s'était allié au duc François II de Bretagne, alors en conflit avec la France et qui tenait à son indépendance. La « guerre folle » commença. Elle fut marquée par la victoire des troupes royales à Saint-Aubin-du-Cormier, où Louis d'Orléans fut fait prisonnier.

Craignant de voir la Bretagne échapper à l'emprise de la France, Anne de Beaujeu décida de marier son frère avec la fille et héritière de François II (lequel venait de mourir), Anne de Bretagne. Charles était déjà fiancé avec Marguerite d'Autriche, fille de l'empereur Maximilien, qui, lui-même, étant veuf, allait épouser ladite Anne de Bretagne. Tous ces liens furent rompus et le jeune roi alla jusqu'aux portes de Rennes trouver celle qui, en devenant sa femme, lui apporterait en dot la Bretagne. Anne de Beaujeu pouvait être fière de son œuvre : elle avait écarté du royaume le danger d'être encerclé par la maison d'Autriche. Le mariage royal se fit en décembre 1491. Dix mois plus tard naissait un dauphin, Charles Orland. Entre-temps, les Beaujeu s'étaient sagement retirés.

Charles VIII commençait donc son règne personnel. Petit de taille, la tête forte, avec un gros nez et une bouche souvent ouverte, le roi n'était pas beau, mais il avait du caractère. Il sut s'entourer d'hommes dévoués. Outre ses grands chambellans (Dunois, La Trémoille) et le secrétaire de la Chambre (Florimond Robertet), il écoutait surtout ses conseillers, Étienne de Vesc, sénéchal de Beaucaire, et un ecclésiastique, le chancelier Guillaume Briçonnet, qu'il nomma évêque de Saint-Malo, ainsi que des hommes de guerre : Pierre de Rohan, sire de Gié, l'amiral de Graville, le maréchal d'Esquerdes. Généreux dans le succès, Charles avait, depuis plusieurs mois, ouvert lui-même au duc d'Orléans les portes de sa prison. Le pays apprit bientôt que son roi nourrissait de grands projets.

◁ **Charles VIII et Anne de Bretagne.** Le mariage du roi et de l'héritière bretonne avait été dicté par la politique. Anne fut sans doute très éprise de l'époux qui lui avait été imposé. « Elle est jalouse et désireuse du roi outre mesure », dira un contemporain. Elle fut certainement désolée de le voir partir au loin sans pouvoir l'accompagner. Charles se montra bon et attentionné pour sa femme, sans répondre toutefois à cet amour exigeant. Diptyque du XVe siècle. Château de Langeais.
Phot. Roger-Viollet.

◁ **Portrait de Charles VIII.** Le roi n'était pas beau, avec sa courte taille, ses membres longs et maigres, ses lèvres épaisses, son nez en bec d'aigle. L'ambassadeur de Venise décrira ce nez aquilin « grand et gras beaucoup plus qu'il n'est séant ». Charles se laissa pousser la barbe en Italie, par vœu, avant d'arriver à Naples. Portrait anonyme. Galerie des Offices, Florence.
Phot. Scala.

Au moment où Charles VIII se dégageait de la tutelle des Beaujeu, le royaume était prospère. La France apparaissait comme l'État le plus peuplé d'Europe : environ 15 millions d'habitants pour à peu près 3 millions et demi en Angleterre, 6 à 7 millions en Espagne. La vie n'était pas trop chère, la surface des terres en friche diminuait, les paysans plantaient du blé, des vignes, l'activité commerciale du pays était en hausse. La bourgeoisie s'enrichissait : elle appréciait le luxe, recherchait les beaux meubles, les bijoux de prix. Louis XI et les Beaujeu avaient géré les finances avec un grand sens des réalités. Charles VIII suivit leur exemple. Il protégea les foires et les marchés, essaya de rendre une bonne justice, de réduire le brigandage.

Le grand projet. Sur le plan extérieur, les Beaujeu n'avaient évidemment pas réglé tous les problèmes. La France avait des voisins aux desseins ambitieux. Les Anglais tenaient toujours Calais et opéraient volontiers des razzias sur le territoire français. Les lansquenets de l'empereur Maximilien venaient, des Pays-Bas, piller Arras et les campagnes environnantes. Au sud du pays, la situation n'était pas moins difficile. Ferdinand le Catholique, roi d'Aragon et époux de la reine de Castille, convoitait le Roussillon.

Charles VIII comprenait ces dangers. Sans doute désirait-il protéger ses frontières. Mais il visait beaucoup plus loin : il songeait à conquérir le royaume de Naples, sur lequel il croyait avoir des droits sérieux. En fait, les exploits des anciens paladins le

Gloire et fumée d'Italie

◁ **Anne de Bretagne** recevant le manuscrit d'Antoine Dufour, *Vie des femmes célèbres*, de la main de l'auteur. Musée Dobrée, Nantes.
Phot. Lauros-Giraudon.

△ **Le dauphin Charles Orland.** Né le 10 octobre 1492, il mourut à l'âge de trois ans, au grand désespoir de ses parents. Peinture du Maître de Moulins, XVe siècle. Musée du Louvre.
Phot. Lauros-Giraudon.

◁ **Ludovic le More et son fils en prière.** Malgré sa dévotion à la Madone, Ludovic Sforza n'avait rien d'un pieux chevalier. Prince fastueux et brillant, il fut accusé de nombreux meurtres, en particulier celui de son neveu dont il convoitait le duché. Changeant de camp avec facilité, il devait être pour Charles VIII un allié inquiétant avant de devenir un adversaire déterminé. Milan, pinacothèque Brera, XVe siècle.
Phot. Giraudon.

faisaient rêver. Au XIIIe siècle, un pape français avait octroyé Naples à un frère de Saint Louis, Charles d'Anjou, avec le titre ambitieux de « roi de Sicile et de Jérusalem ». Peu après, les Siciliens s'étaient révoltés et les Angevins avaient été chassés au profit des princes espagnols de la maison d'Aragon. Un autre Angevin fut adopté par la reine de Naples, Jeanne II, mais de nouveau un Aragonais, Alphonse V, s'empara du royaume. Après la mort du dernier comte d'Anjou, le « bon roi René », Louis XI aurait pu réclamer (outre l'Anjou, le Maine et la Provence) l'héritage napolitain, mais il s'en était bien gardé. Le royaume de Naples était alors tombé entre les mains d'un bâtard d'Aragon, Ferrante Ier, peu aimé de ses sujets.

À cette époque, l'Italie — qui brillait dans toute la gloire du Quattrocento — était divisée en quantité de principautés, dont les plus importantes étaient, outre le royaume de Naples et les États de l'Église, la Toscane, avec Florence où régnaient les

Médicis, le Milanais, dont le duc Jean-Galéas Sforza se trouvait sous la coupe d'un régent ambitieux, son oncle Ludovic Sforza, dit le More (en raison de son teint basané, ou de la feuille de mûrier paraissant sur son blason), enfin Venise, la riche « sérénissime République ». À côté de ces « puissances », des poussières de petits États, sans cesse en rivalité, faisaient de la péninsule une véritable mosaïque. Tous redoutaient la mainmise de l'empereur d'Allemagne sur l'Italie, ainsi que les ambitions des Espagnols sur le sud du pays — sans parler de l'avance des Turcs, maîtres à Constantinople depuis 1453.

Autour de Charles VIII, de nombreux personnages le poussaient dans la voie des conquêtes. D'abord quelques Napolitains exilés de leur pays natal par la dynastie aragonaise et qui aspiraient à un retour de la maison d'Anjou. Puis un Génois, le cardinal Julien de La Rovère, qui avait manqué de peu la tiare en 1492 et rêvait de faire déposer le pape Alexandre VI, un

◁ **Charles VIII avec Pierre de Beaujeu et Étienne de Vesc** devant l'apparition de l'archange saint Michel. L'ordre militaire de Saint-Michel, ici allégoriquement représenté, avait été fondé par Louis XI. Les membres de l'ordre portaient comme insigne un collier de coquilles et de chaînette d'or avec l'image de l'archange. Peinture du Maître de Moulins. B. N.
Phot. B. N.

△ **Louis de La Trémoille.** Sans doute le plus fidèle serviteur de la monarchie, il avait, très jeune, montré sa valeur militaire en remportant, pendant la « guerre folle », la victoire de Saint-Aubin-du-Cormier. Pendant l'expédition d'Italie, ce chevalier sans peur et sans reproche fut chargé de la protection du roi, qu'il ne quitta pas. Portrait par Ghirlandaio, XVe siècle. Musée Condé, Chantilly.
Phot. Lauros-Giraudon.

Borgia connu pour ses débauches, et de se faire élire par un nouveau conclave. Enfin et surtout Ludovic Sforza, pressé de prendre la place de son neveu Jean-Galéas, envoyait en France des émissaires chargés de plaider sa cause auprès de Charles VIII.

Dans l'entourage proche du roi, les avis étaient partagés. Guillaume Briçonnet, l'évêque de Saint-Malo, et Étienne de Vesc, sénéchal de Beaucaire, poussaient à l'aventure. D'autres personnalités, comme la reine Anne et les Beaujeu, s'y montraient hostiles. Le duc d'Orléans, redevenu fidèle au roi, s'était rendu à ses raisons. Seigneur d'Asti, en Piémont, il se croyait des droits sur le Milanais, usurpé par les Sforza à sa grand-mère Valentine Visconti, et se disait sans doute secrètement qu'une chevauchée en Italie pourrait servir sa cause.

Offensive diplomatique. Charles VIII écouta surtout ceux qui étaient de son avis, mais il ne se lança pourtant pas tête baissée dans l'expédition napolitaine. Il commença par mettre sur pied une armée solide, déjà bien organisée par ses prédécesseurs. Elle comportait sans doute à peine 28 000 combattants réels, dont peut-être 6 000 Italiens et près de 7 500 mercenaires étrangers, essentiellement des Suisses. Moins de 15 000 Français constituaient

△ **Henri VII Tudor.** Ce roi aux lèvres minces, au regard soupçonneux, était prudent et parcimonieux. En 1492, la France devait payer très cher sa neutralité. National Portrait Gallery, Londres. *Phot. National Portrait Gallery, Londres.*

l'essentiel du corps de bataille, au sein duquel on distinguait au moins 9 000 cavaliers et plus de 9 000 fantassins (hommes d'armes bardés de fer, arbalétriers et arquebusiers gascons et dauphinois, archers bretons). L'artillerie se composait de 140 pièces de siège, 200 canons légers, avec 1 200 artilleurs et 800 chevaux. Le roi fit en outre construire une petite flotte, indispensable pour aller attaquer Naples. Tous ces préparatifs coûtaient évidemment fort cher. Les tailles furent augmentées, les États avancèrent de fortes sommes, mais surtout l'on emprunta aux banquiers de Gênes et de Milan, favorables à l'action sur Naples.

Il fallait d'autre part s'assurer que, pendant l'absence du roi, les voisins aux dents longues ne profiteraient pas de l'occasion pour se lancer à l'assaut du royaume. Charles VIII s'entendit avec chacun des envahisseurs en puissance. Le 3 novembre 1492, il conclut à Étaples un traité avec Henri VII d'Angleterre, qui promit de rester neutre moyennant 745 000 écus d'or. Un autre accord fut signé à Barcelone (19 janvier 1493) avec Ferdinand d'Aragon, à qui étaient restitués la Cerdagne et le Roussillon, souvent réclamés par l'Espagnol (et qui feraient l'objet d'un arbitrage ultérieur). En échange, le « Roi catholique » s'engageait dans un chapitre additionnel à abandonner en fait la cause de son cousin Ferrante de Naples.

Le plus grand gourmand des souverains fut Maximilien. Par le traité de Senlis (23 mai 1493), Charles VIII rendit à l'empereur — ou plutôt à son fils Philippe le Beau — l'Artois et la Franche-Comté, ces deux provinces cédées jadis à Louis XI par le

◁ **Maximilien Ier par Dürer.** Fondateur de la puissance autrichienne, l'empereur Maximilien aimait les arts et les lettres, ce qui ne l'empêchait pas de savoir mener habilement le jeu politique. Le peintre a placé en haut de sa toile les armes des Habsbourg, l'aigle bicéphale entourée du collier de la Toison d'or. La grenade ouverte que l'empereur tient en main est le symbole de la résurrection. Kunsthistorisches. Museum, Vienne.
Phot. Plessner-Bavaria Verlag.

Philippe le Beau. Ce portrait du début du XVIe siècle peut faire penser que le canon de la beauté a singulièrement changé au cours des siècles ! L'archiduc d'Autriche, fils du futur empereur Maximilien et de Marie de Bourgogne (elle-même fille de Charles le Téméraire), dut cependant frapper par sa belle prestance sa femme Jeanne la Folle, qui l'adora. Il fut le bénéficiaire du traité de Senlis et demeure surtout connu pour avoir été le père de Charles Quint. Il mourut à l'âge de vingt-huit ans, au grand désespoir de Jeanne. Musée de Bruxelles. ▷
Phot. Lauros-Giraudon.

traité d'Arras. En fait, Artois et Franche-Comté constituaient la dot de Marguerite d'Autriche, l'ex-fiancée de Charles VIII. Le roi ayant renvoyé la petite princesse (elle avait été élevée à la cour de France), il était normal qu'il rendît la dot.

Il fallait également s'assurer d'appuis en Italie. Au Milanais, Ludovic le More, de plus en plus pressé d'évincer son neveu Jean-Galéas, faisait proposer un marché à Étienne de Vesc, offrant 200 000 ducats et 500 lances, avec le libre passage des troupes françaises sur son territoire, en échange de l'appui du roi de France. À Florence, Pierre de Médicis voyait alors son pouvoir ébranlé par la parole d'un moine passionné, Jérôme Savonarole, prophète et démagogue, pris d'une sainte fureur contre la dépravation des mœurs, la corruption de l'Église et qui prédisait l'arrivée de forces étrangères chargées de châtier les pécheurs. La menace visait surtout le pape Alexandre VI, qu'il fustigeait de son éloquence. Charles VIII savait d'autre part que ce même Alexandre détestait la dynastie aragonaise. Il espérait que le pontife accepterait de lui donner l'investiture (Naples était en effet fief du Saint-Siège). Le Borgia, consulté, répondit de façon très vague. En fait, il préférait voir sur le trône napolitain un Aragonais plutôt qu'un Valois. Pourtant, Charles VIII annonçait qu'il préparait une croisade contre les Turcs et que Naples serait une bonne plate-forme pour se lancer à l'assaut des infidèles. Entre-temps, le cardinal Julien de La Rovère, qui s'était fait nommer légat du Saint-Siège en France, persuadait le roi que les Romains n'attendaient que l'arrivée de ses troupes pour déposer le pape indigne.

Au milieu de cet imbroglio diplomatique, Charles VIII reçut une bonne nouvelle : la mort presque subite de Ferrante d'Aragon, remplacé sur le trône de Naples par son fils Alphonse II, aussi peu aimé que son prédécesseur. Le changement de dynastie deviendrait donc sans doute plus facile.

Vue de Florence au XVe siècle. Une délégation florentine était venue à Pise annoncer à Charles VIII que la ville lui ouvrirait ses portes. En arrivant aux abords de Florence, les Français eurent devant eux l'incomparable paysage urbain, le Dôme dont la coupole brillait, encore humide des récentes averses, le palais de la Seigneurie, les innombrables églises dont les cloches s'étaient mises à carillonner en signe de bienvenue, l'Arno aux flots jaunâtres. Dans les rues, des écussons fêtaient le roi « restaurateur des libertés ». Peinture anonyme. Londres, coll. part.
Phot. Webb-Éd. Robert Laffont.

Départ pour l'aventure. Le 13 février, Charles quitta Amboise pour Lyon — première étape de la longue randonnée. Il avait pris le titre de « roi de Sicile et de Jérusalem », théoriquement inséparable de la royauté de Naples, et confié, en son absence, le gouvernement du pays à Pierre de Beaujeu (devenu duc de Bourbon depuis le décès de son frère aîné). L'autre beau-frère, Louis d'Orléans, avait reçu la mission de rejoindre la flotte française à Gênes, ville alliée, d'où l'on pourrait cingler ensuite vers Naples.

La marche en avant commença. Le jeune roi était entouré d'excellents compagnons d'armes : Louis de Luxembourg, Stuart d'Aubigny, Yves d'Allègre, le prince d'Orange, Gilbert de Montpensier, Pierre de Rohan, maréchal de Gié. L'armée était imposante : les mercenaires suisses et allemands composaient l'avant-garde. Venaient ensuite les arquebusiers, les arbalétriers, les escadrons de cavalerie, enfin les archers montés formaient la garde du corps royale. Les Alpes furent aisément franchies au Montgenèvre et l'on redescendit sur Turin, où régnaient les cousins savoyards. L'accueil fut chaleureux. Charles gagna ensuite Asti, fief de son cousin d'Orléans. Il vit venir à sa rencontre Ludovic le More, accompagné du duc de Ferrare. C'est alors qu'un messager lui apporta une sinistre nouvelle : les troupes napolitaines, conduites par Frédéric de Tarente, frère cadet du roi Alphonse II, avaient débarqué à Rapallo et écrasé les Français. Charles fut bouleversé, terrifié. Mais quelques heures plus tard son désespoir se changeait en joie : la nouvelle, destinée à miner son moral, était totalement fausse. La petite armée de Louis d'Orléans avait triomphé à Rapallo des Napolitains, mais elle n'avait pu empêcher le rembarquement de ses adversaires.

Après une courte maladie, Charles VIII continua sa route. À Pavie, il retrouva son cousin germain Jean-Galéas Sforza (fils de Bonne de Savoie) moribond, à vingt-six

△ **Jérôme Savonarole.** Le moine illuminé était allé trouver Charles VIII à Pise et avait reconnu en lui l'élu de Dieu, le « glaive » dont depuis longtemps il prédisait la venue. L'entretien dura plus d'une heure. Le roi fut sans doute frappé par le visage émacié, les yeux de feu du prophète hanté par l'Apocalypse, vaticinant contre l'impiété de ses concitoyens et prédisant aux hommes dépravés les pires châtiments. Peinture de Fra Bartolomeo, XVIe siècle. Musée du couvent Saint-Marc, Florence.
Phot. Scala.

ans — peut-être empoisonné. Une scène pathétique eut lieu, car la femme de Jean-Galéas, Isabelle, supplia le roi de France de ne pas détrôner son père Alphonse II. Naturellement, la prière resta vaine. Jean-Galéas rendit l'âme le 21 octobre et le lendemain Ludovic le More prit le titre de duc de Milan, malgré l'existence d'un petit-neveu de cinq ans.

Désormais, Charles VIII marchait sur Florence, où l'appelaient les adversaires des Médicis. Depuis longtemps, en effet, Savonarole lui répétait : « Venez, vous êtes l'envoyé de Dieu ! » Passant par Lucques, le roi fut acclamé par les populations, qui le comparèrent à Jules César et lui présentèrent de grands panneaux avec l'inscription : *Videt vincit Alter Caesar.* Le nouveau César emprunta aux Lucquois 40 000 ducats et continua sa route. À Pise, les habitants anxieux de secouer le joug florentin l'accueillirent avec enthousiasme aux cris de *Libertà !* Le roi se promena dans la ville, admirant sans réserve le dôme et la fameuse tour.

Pendant ce temps, les Florentins chassaient Pierre de Médicis de leur cité, où rentrait Savonarole. Précédé d'une forte artillerie, Charles VIII survint à son tour. Ayant franchi le Ponte Vecchio, il arriva place du Dôme avant le coucher du soleil. Une cérémonie solennelle se déroula au palais Médicis : le jeune roi vêtu d'un manteau d'or et de soie, coiffé d'un grand chapeau de feutre blanc que surmontait une couronne, reçut des autorités florentines les clés de la ville et jura de maintenir les libertés. Sans doute aurait-il désiré plaider la cause de Pierre II, le fugitif, mais ses tentatives furent vaines. En revanche, il fit signer aux Florentins un traité : il recevrait 150 000 ducats (en fait la somme fut réduite à 120 000) et garderait en gage les citadelles de Pise, Livourne, Pietrosanto, Sarzana, jusqu'à son retour en France.

À Sienne, où les Français passèrent ensuite, les populations rivalisèrent de poli-

L'entrée de l'armée et du roi à Florence. Les Florentins se pressaient dans les rues pour acclamer les Français. Lorsque Charles arriva au Dôme, la nef centrale était éclairée de mille torches. Monté à l'autel, il jura de maintenir les libertés de la cité. Les assistants furent sans doute déçus par l'apparence physique du roi, le nez busqué, la taille courte, les jambes trop grêles. Peinture (ci-dessous) de F. Granacci, galerie des Offices, Florence, et peinture (à droite) de Guiseppe Bezzuoli, galerie d'Art moderne, Florence.

Photos Scala et Artephot-Fabbri.

tesse et de flagornerie. De nouveau, le roi réclama des fonds, avec les clés de la citadelle. L'invasion continua. L'armée atteignit bientôt le territoire pontifical. La plupart des villes ouvraient d'elles-mêmes leurs portes, de peur d'être saccagées (ce qui n'empêchait pas les pillages, les violences et les meurtres).

Borgia et Valois. À Rome, Alexandre VI tremblait. Ne parlait-on pas de déposer ce pape simoniaque, à la vie dissolue, accusé en outre de pactiser avec les Turcs ? D'origine espagnole, Rodrigo Borgia, créé cardinal à vingt-cinq ans, était connu pour ses mœurs libres (il avait eu quatre enfants, dont le fameux César Borgia, avant de ceindre la tiare). Depuis des mois, les foudres de Savonarole s'étaient déchaînées contre lui, mais l'approche d'une armée française était pire que les imprécations d'un moine. Le Vatican étant impossible à défendre, le pape s'était réfugié au château Saint-Ange, communiquant par un passage couvert avec le palais. Il craignait d'autant plus l'arrivée de Charles qu'au moment même où celui-ci marchait sur la ville, il recevait au Vatican une délégation envoyée par Alphonse d'Aragon, qu'il reconnaissait ainsi comme souverain de Naples. Il la renvoya en vitesse, tandis que Gilbert de Montpensier, à la tête d'une avant-garde, se présentait sous les murs de Rome.

Deux jours plus tard, le 31 décembre, Charles VIII faisait son entrée par la porte du Peuple. À ses côtés chevauchaient le maître des cérémonies du Vatican, l'Alsacien Burckard, et le cardinal Julien de La Rovère. Tout le long du parcours, le roi fut acclamé. Arrivé au palais San Marco (aujourd'hui palais de Venise), prévu pour son installation, il y reçut un grand nombre de cardinaux venus le saluer. En principe, les Français devaient demeurer sur la rive

△ **Alexandre VI en prière.** Yeux perçants, visage coloré, nez arqué, tel apparaissait ce pape, comédien de grande classe dont les mœurs et le caractère ont scandalisé les contemporains. Charles VIII apprendra à ses dépens qu'il n'était pas bon de se fier à la parole d'un tel personnage. Fresque de Pinturicchio, 1492-1494, Vatican. *Phot. Scala.*

gauche du Tibre. Cependant, le lendemain, en s'éveillant, le pape vit les canons français braqués sur le château Saint-Ange. Devait-il défendre la forteresse ? À cet instant, le hasard fit qu'un pan de mur du château s'effondra. Devant ce mauvais présage, Alexandre comprit qu'il avait plutôt intérêt à s'entendre avec les envahisseurs. Des pourparlers s'ouvrirent. Une rencontre prétendument fortuite fut préparée dans les jardins du Vatican. Charles, qui se promenait dans les allées, aperçut le pape, porté sur sa sedia, arrivant inopinément du château Saint-Ange. Le roi s'avança et s'inclina par deux fois, très profondément, devant Sa Sainteté. Il allait commencer un troisième salut lorsque Alexandre, ayant mis pied à terre, vint à lui et l'embrassa. La rencontre était pleine de dignité.

Les diplomates devaient maintenant discuter. Le roi obtint libre passage pour son armée à travers les États pontificaux, ainsi que le chapeau de cardinal pour Briçonnet. On ne parla pourtant pas d'investiture (remise à plus tard), et Alexandre montra un certain scepticisme quand fut évoqué le projet de croisade.

Dans la ville, cependant, les troupes d'abord bien accueillies commençaient à se faire détester. Les soldats entraient de force dans les maisons, chassaient les occupants, pillaient les meubles. Le palais de Venise lui-même était devenu d'une saleté repoussante. Il était temps d'évacuer les lieux si on voulait éviter une révolte.

Le paradis napolitain. Après avoir reçu une dernière bénédiction pontificale, Charles reprit la route. Il emmenait avec lui deux otages : César Borgia, le fils préféré d'Alexandre, et un géant turc, Djem, frère du Sultan et prisonnier de la chrétienté. L'espoir du roi était de remplacer à Constantinople Bayazid II par ce Djem, préalablement converti au christianisme. L'idée d'une croisade n'était pas abandonnée. Tout en chevauchant, Charles interrogeait le Turc sur les intentions de Bayazid. Quant à César, son unique but était alors de trouver l'occasion de s'enfuir.

Les Français étaient optimistes : ils avaient reçu de bonnes nouvelles de Naples. À demi fou de peur en voyant approcher les troupes ennemies, Alphonse II avait abdiqué en faveur de son fils Ferrante II — ou Ferrandino — et s'était embarqué pour la Sicile. Ferrandino, lui aussi rempli d'épouvante, ne semblait pas un adversaire difficile à vaincre.

La marche en avant se poursuivait. Quand une forteresse résistait, le canon ouvrait les portes. On passa par Capoue et, le 19 février, les Français entrèrent dans Naples. Quant au roi, il alla loger dans la merveilleuse villa de Poggioréale. Quelques ombres obscurcissaient pourtant le tableau : le 30 janvier, César Borgia,

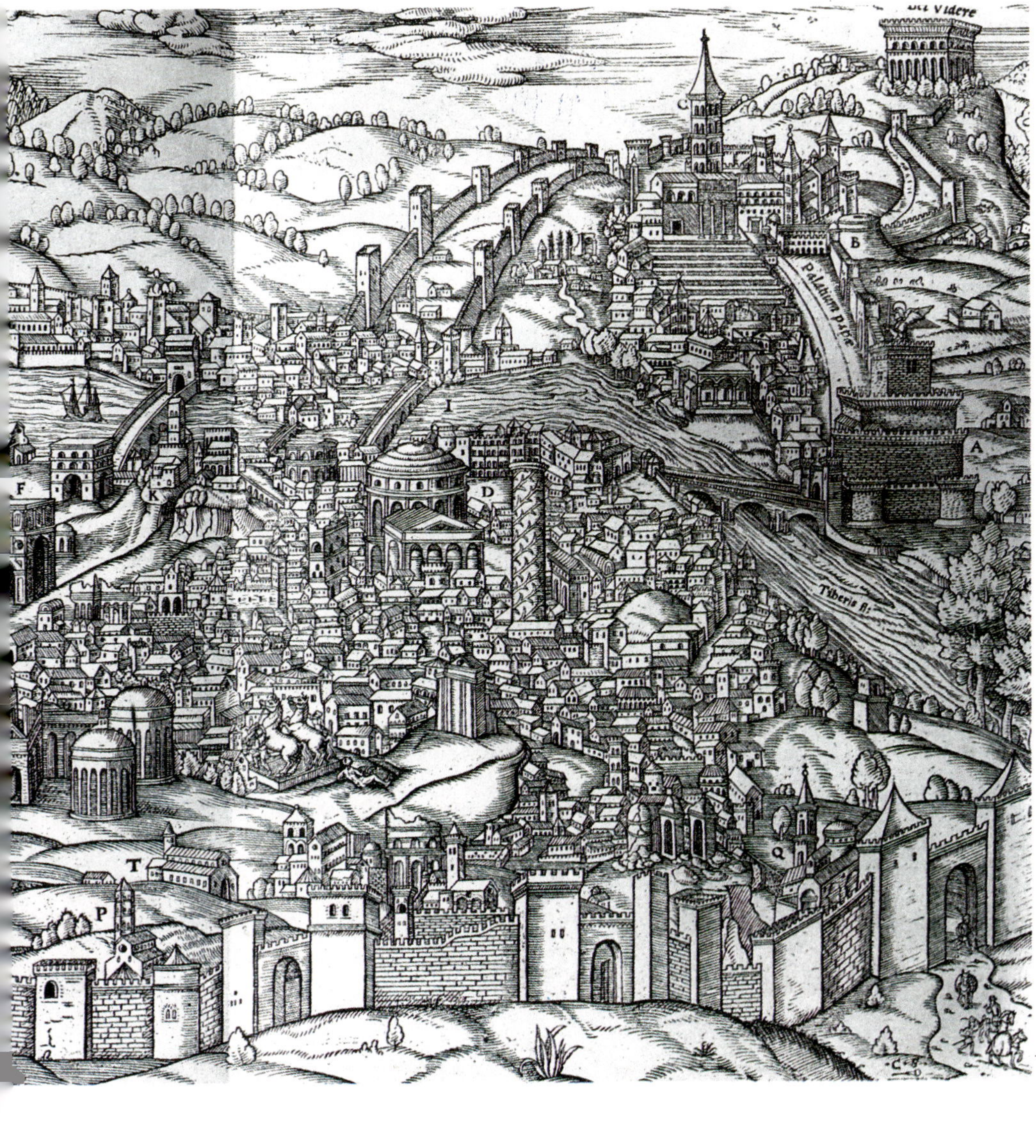

◁ **Vue de Rome au XVIe siècle.** Cette image simplifiée de la cité des papes montre bien les sept collines, les fortifications extérieures, les basiliques, les colonnes antiques. Sur la rive droite du Tibre, on aperçoit le château Saint-Ange, proche du palais des pontifes. Charles VIII arriva par la porte du Peuple : en ce soir d'hiver, la ville lui apparut entourée de brouillard ; il chevaucha dans les rues étroites à la lueur des torches, sous une pluie battante, jusqu'au palais San Marco, tandis que le pape, inquiet, se terrait dans sa forteresse.
Phot. Larousse.

△ **César Borgia.** Quand Charles VIII connut à Rome ce fils très aimé d'Alexandre VI, César n'avait que dix-neuf ans. De belle prestance physique, ce piètre cardinal, plus habile à manier l'épée ou le poignard que l'ostensoir, avait hérité de son père une inquiétante souplesse diplomatique et un goût certain pour l'intrigue. Il trompa la vigilance du roi de France en lui faussant compagnie. Peinture anonyme, galerie des Offices, Florence.
Phot. Scala.

déguisé en palefrenier, avait réussi à s'enfuir. Quant à Djem, ce colosse, il mourut au Castel Capuano le 25 février, peut-être empoisonné, plus vraisemblablement d'un excès de nourriture. Les deux otages disparaissaient donc, mais qu'importait ! Ferrandino, incapable de lutter, s'était lui aussi embarqué pour Ischia. Le succès semblait donc total. Le 22 février, monté sur un simple mulet, le roi apparut dans la ville avec le maréchal de Gié et Montpensier. Des ovations l'accueillirent, les adversaires des Aragonais le couvrirent de fleurs. Mais il fallait compléter la conquête. Les dernières défenses de Naples, le Château Neuf, le Château de l'Œuf tombèrent. Gaète et Tarente furent occupées. En même temps, le roi distribuait titres et fonctions. Il décida que Gilbert de Montpensier gouvernerait Naples, Gabriel d'Albret la Pouille, d'Aubigny la Calabre. Il réorganisa les finances et la justice. De nombreuses mesures furent prises en faveur des Napolitains et des partisans de Ferrandino qui acceptaient de tourner casaque.

Le roi passait alors la majeure partie de son temps à Poggioréale, dont il admirait les œuvres d'art, le mobilier précieux, et surtout les jardins dont la beauté l'enchantait. Entouré d'une petite cour, il visitait les environs, faisait organiser des fêtes, des joutes, des banquets, accueillant avec joie les jolies Italiennes disposées à lui plaire. Dans ce paradis, les vainqueurs appréciaient alors le repos du guerrier. Mais beaucoup d'entre eux furent pris d'un mal nouveau, étrange, qu'on appela là-bas le mal français (les Français disaient « le mal napolitain »), la syphilis, peut-être rapportée d'Amérique par les compagnons de Christophe Colomb. Le roi n'eut que la varicelle, maladie sans gravité. Le 3 mai, il alla à Naples fêter la Saint-Janvier : ce jour-là, le sang du martyr coagulé dans l'ampoule sacrée se liquéfia, au grand enthousiasme des fidèles qui attendaient ce « miracle ».

Bien que le pape ne lui eût pas encore donné l'investiture, Charles prépara une cérémonie solennelle dans la ville. Le

◁ **Entrée solennelle de Charles VIII à Naples.** Pour cette cérémonie traditionnelle, le roi chevauchait sous un dais soutenu par des barons napolitains. La procession se rendit à la cathédrale San Gennaro. La population était en liesse, mais déjà les Français s'inquiétaient à l'idée d'un départ prochain. Peinture de Féron, XIXe siècle. Château de Versailles.
Phot. Edimedia - J.-C. Maillard.

△ **Darse du port de Naples avec le Château Neuf.** Naples apparut aux Français comme un paradis. Pour s'emparer du Castel Nuovo, Charles fit mettre ses canons en batterie, alors que les défenseurs n'avaient que des arbalètes. On fit main basse sur les trésors de la forteresse : vaisselle d'or, armes ciselées, harnachements précieux. Peinture de Gaspare Vanvitelli, XVIIIe siècle. Musée national de San Martino, Naples.
Phot. Roger-Viollet.

12 mai, vêtu d'une robe d'or, coiffé d'une petite couronne, tenant d'une main un sceptre, de l'autre une pomme d'or, le « roi de France, de Sicile et de Jérusalem » chevaucha jusqu'à la cathédrale, où se succédèrent chants et oraisons, adoubements et serments de fidélité. Les barons napolitains entouraient et félicitaient le vainqueur, perdu dans ses rêves étoilés.

Fornoue. Ces magnificences tournèrent court. Le roi recevait alors de pénibles dépêches, venues notamment de Commynes, son ambassadeur à Venise. Les succès des Français avaient en effet fortement inquiété les Italiens, et en particulier les membres de la Seigneurie, qui avaient pris l'initiative de former une ligue contre l'envahisseur. Les rois d'Aragon et de Castille, l'empereur Maximilien allaient l'un après l'autre y adhérer, en dépit des traités qu'ils avaient signés avec la France. À Milan, Ludovic le More, oubliant la façon dont il avait lui-même appelé Charles VIII, faisait également volte-face. Alexandre VI, inquiet pour son trône pontifical, entrait à son tour dans la Ligue, dont le traité fut définitivement signé le 1er avril 1495. Ainsi, coincé au fond de la Péninsule, le roi semblait pris comme dans une souricière. En France, l'inquiétude régnait. Le duc de Bourbon envoyait des messages pressants à son beau-frère, le suppliant de rebrousser chemin.

Charles VIII, cependant, avait appris avec calme les nouvelles. Il ne hâta pas ses préparatifs de départ. Finalement, il décida de laisser la moitié de ses troupes, soit environ 10 000 hommes, à Gilbert de Montpensier, qui deviendrait vice-roi de Naples, tandis que Stuart d'Aubigny irait surveiller les côtes de Calabre, où l'on pouvait craindre un débarquement des Aragonais.

Le début de la retraite s'effectua sans difficulté. Le 1er juin, on arriva à Rome, d'où le pape, prudent, s'était enfui. Le but des Français était Asti, où, espérait-on, le duc d'Orléans avait pu organiser une défense solide. La petite armée passa par Sienne, puis par Pise : là, les populations lancèrent des feux d'artifice ; les Pisans supplièrent le roi de les soutenir contre Florence ; Charles hésita mais ses conseillers, et surtout Briçonnet, le poussèrent à continuer sa route. Les coalisés guettaient en effet l'armée française pour l'attaquer lorsqu'elle serait minée par la fatigue. Commynes, qui avait pu rejoindre son maître, avait apporté d'inquiétants renseignements sur les forces ennemies. Le passage des Apennins fut difficile. Il fallut hisser les pièces d'artillerie en haut des cols, avant de les laisser glisser par les sentiers muletiers. Les Suisses, habitués aux montagnes, montrèrent autant d'énergie que d'adresse. Le 5 juillet, l'armée redescendit vers Fornoue, petite ville située sur le Taro, affluent du Pô. C'est là que l'attendaient les coalisés, trois fois plus nombreux que

Bataille de Fornoue :▷ la mêlée. Lances, épées, arbalètes sont entrées en action. Les étendards flottent au vent : oriflammes rouges de Saint-Denis, bannières aux fleurs de lis. Les Français crient : « Montjoie et Saint-Denis ! », les Vénitiens : « Marco ! Marco ! Italia ! » *Phot. B. N.*

△**Bataille de Fornoue,** où la Ligue d'Italie fut rompue par Charles VIII. Le roi a rangé son armée en bataille. Une dernière fois, il a harangué ses troupes, leur affirmant sa certitude de la victoire : « Dieu bataillera pour nous ! » B. N. *Phot. B. N.*

les Français et qui comptaient bien écraser les envahisseurs. Venise avait donné le commandement des troupes à François de Mantoue, marquis de Gonzague.

La bataille eut lieu le lendemain. Le maréchal de Gié et Trivulce (Milanais passé au service de Charles VIII) commandaient l'avant-garde, le roi était au centre, monté sur son cheval *Savoie,* l'arrière-garde avait été confiée à La Trémoille. Le passage du Taro se fit sans encombre mais très vite la mêlée commença : elle fut rude. Le roi, attaqué de tous côtés (on voulait le faire prisonnier), se battit avec fougue, dans un terrible corps-à-corps. Heureusement quelques troupes de la Ligue, au lieu de contribuer à l'écrasement des Français, aperçurent les milliers de mulets portant les bagages du roi et se ruèrent à l'assaut des caisses, qu'elles pillèrent. Devant l'énergique défense de ses adversaires, le marquis de Mantoue, médiocre stratège, n'osa pas envoyer ses réserves. Les Français réussirent à passer. Chaque camp proclama la victoire, mais les Italiens restaient maîtres du champ de bataille. Gonzague, fier de son succès, put alors commander à Mantegna une *Madona della Victoria,* actuellement au Louvre.

Les tristesses d'un retour. Charles VIII était donc reparti, sans ses bagages. Arrivé à Asti, il apprit que Louis d'Orléans, ayant attaqué Ludovic Sforza, était entré à Novare et qu'il s'y trouvait maintenant bloqué par les forces milano-vénitiennes. Mécontent de la nouvelle, le roi attendit plusieurs jours avant d'agir. De Novare, cependant, les soldats affamés le suppliaient de leur venir en aide. Il finit par gagner Verceil, à cinq lieues de Novare. Sachant d'autre part combien les Vénitiens et les Milanais se détestaient entre eux, il comprit qu'il avait intérêt à négocier plutôt qu'à combattre. Grâce à Commynes, envoyé en ambassade, il obtint la signature d'un traité. Ludovic, changeant une nouvelle fois de camp, redevenait l'allié de la France, et Charles VIII le reconnaissait comme duc de Milan. Quelques jours plus tard le roi reprenait la route des Alpes : il arriva bientôt à Lyon. La ville s'était parée d'arcs de triomphe.

Les Français se réjouirent de retrouver

leur souverain, mais de graves soucis accablèrent ce dernier dès son retour. Le petit Dauphin, né malingre, dépérissait depuis bien des mois à Amboise. Très vite, l'inquiétude grandit car les médecins avaient diagnostiqué la petite vérole. Charles Orland disparut le 16 décembre. Deux autres dauphins allaient naître les années suivantes, mais aucun ne survécut.

Auprès de Charles, les mauvaises nouvelles continuaient d'affluer. À Naples s'était opéré un dramatique retournement de la situation. Des troupes espagnoles menées par un chef réputé, Gonzalve de Cordoue, étaient venues au secours de Ferrandino. Dans la ville, on criait maintenant : « Mort aux Français ! » Le Château Neuf, le Château de l'Œuf passèrent successivement aux mains des Aragonais et Ferrandino rentra dans sa capitale. Il mourut d'ailleurs peu après et fut remplacé par son oncle, Frédéric Ier. Entre-temps, Gilbert de Montpensier avait dû capituler à Atella. Il rendit lui aussi le dernier soupir, sans doute atteint par la peste.

Les rêves italiens de Charles VIII étaient-ils définitivement oubliés ? Le roi ne semblait pas résigné à renoncer à ses conquêtes. Il leva des impôts pour se constituer une armée, il entra en pourparlers diplomatiques avec le roi d'Espagne, avec Ludovic le More et même avec le pape, il conclut des alliances avec plusieurs petites principautés de la Péninsule. Ces activités ne l'empêchaient pas de réaliser divers projets dans son royaume. Ayant fait venir d'Italie des ouvriers et des hommes d'art, il s'attacha particulièrement à l'aménagement d'Amboise (commencé avant son départ). C'est là que la mort le prit. Le 7 avril 1498, alors qu'il passait avec la reine dans une galerie pour aller assister à un jeu de paume, il se heurta le crâne à une poutre et expira quelques heures plus tard.

◁ **Le château d'Amboise.** Transformé par ordre de Charles VIII, le château avait gardé ses grosses tours, mais le roi, à son retour d'Italie, fit bâtir le « logis neuf » en bordure de la Loire. Des jardins fleuris descendaient en pente douce vers le fleuve. Ce fut à Amboise que Charles trouva la mort en se heurtant le front contre une poutre, dans la galerie Haquelebac.
Phot. Frederic-Explorer.

Charles VIII sur son lit de mort. La disparition du roi bouleversa son entourage. La reine resta prostrée, les chambellans veillèrent trois semaines le corps, le duc d'Orléans lui-même versa des larmes sur la mort de son prédécesseur. B. N.
Phot. B. N. ▽

La Vierge de la Victoire. ▷ Au lendemain du combat de Fornoue, le marquis de Mantoue, peu fier de ses prouesses, écrivait à sa femme : « La bataille fut très cruelle... Si par malheur l'ennemi était venu nous retrouver, c'eût été notre ruine totale. » Mais Venise décida que Charles VIII avait subi une sévère défaite. Mantegna reçut l'ordre de peindre une *Madone de la Victoire* au pied de laquelle fut représenté, à genoux, le pseudo-triomphateur de Fornoue. L'honneur était sauf. Musée du Louvre.
Phot. Giraudon.

1498-1515
Louis XII

A Amboise, le 7 avril 1498, le roi Charles VIII s'était heurté le front contre une poutre et avait expiré quelques heures plus tard, âgé de près de vingt-sept ans, sans laisser d'héritier direct. Le petit dauphin Charles Orland était en effet mort en 1495, alors que le roi revenait de son expédition napolitaine. La reine Anne de Bretagne avait eu encore deux fils, également décédés en bas âge. Le trône revenait au duc d'Orléans, arrière-petit-fils de Charles V, petit-fils du duc assassiné en 1407 par Jean sans Peur, fils du poète Charles d'Orléans et de Marie de Clèves.

Né en 1462, Louis d'Orléans avait eu une jeunesse agitée. S'étant rebellé contre l'autorité d'Anne de Beaujeu, sœur aînée et tutrice de Charles VIII, il s'était lancé, comme allié des Bretons, dans la « Guerre folle » et avait été fait prisonnier lors de la bataille de Saint-Aubin-du-Cormier (1488). Après trois ans de captivité au fond d'une grosse tour, à Bourges, il fut libéré par Charles VIII en personne. Il participa alors à la campagne d'Italie en loyal sujet du roi (sans toutefois suivre celui-ci à Naples). Au retour de l'expédition, il vit sa faveur baisser. Devenu gouverneur de la Normandie, il fut soupçonné, avec son ami et confident le prélat Georges d'Amboise, de vouloir reconstituer le duché au détriment de la Couronne. Inquiet à l'idée de tomber de nouveau en disgrâce, il alla se réfugier en son château de Montil-lès-Blois. Ce fut là qu'après la mort du roi un messager, tout haletant, vint le trouver. Le duc crut d'abord qu'on venait l'arrêter, mais quand il entendit l'homme lui dire : « Sire, le roi est mort », il reprit ses esprits et partit pour Amboise saluer la dépouille de son prédécesseur.

Les Français accueillirent avec plaisir leur nouveau roi. Louis XII leur apparaissait en effet comme un prince juste, généreux, rempli de bonnes intentions et de mansuétude. Certains de ses sujets (comme La Trémoille, le vainqueur de Saint-Aubin-du-Cormier) auraient pourtant pu craindre d'éventuelles représailles. Louis XII les rassura vite. On lui prête ce mot : « Le roi de France ne venge pas les injures faites au duc d'Orléans. » La formule a sans doute été forgée après coup, mais il est certain que le roi ne songea jamais à assouvir quelque désir de vengeance. Sacré le 27 mai 1498 à Reims, couronné le 1er juillet à Saint-Denis, il fit ensuite son entrée dans la capitale, monté sur une haquenée couverte d'un drap d'or. Son premier geste fut de se concilier ses sujets en renonçant au don de joyeux avènement. Les serviteurs du défunt roi conservèrent leurs titres et leurs situations. Louis XII se contenta de donner la meilleure place, tout près de lui, à son confident et ami, l'évêque Georges d'Amboise. La passation des pouvoirs s'était opérée sans heurts : l'ordre dynastique avait été parfaitement respecté.

◁ **Louis XII et sa cour.** Aussitôt installé sur le trône, le nouveau roi devint un autre homme. Il pardonna à ses anciens adversaires et surtout il s'efforça de faire oublier toutes les erreurs commises jadis... par le duc d'Orléans ! Il sut également s'entourer d'honnêtes conseillers, qui gouvernèrent sagement mais qui ne purent le détourner de ses rêves de gloire en Italie. B. N.
Phot. B. N. - © Tallandier.

◁ **Le sacre de Louis XII.** Le roi fut sacré à Reims le 27 mai 1498. Les assistants remarquèrent l'absence de Jeanne, pourtant encore son épouse légitime. Louis XII prit les titres de roi de France, des Deux-Siciles et de Jérusalem ainsi que de duc de Milan. Le couronnement eut lieu à Saint-Denis le 1er juillet suivant. Le couronnement soulignait l'esprit sacré de la monarchie. Le pouvoir était alors une délégation de Dieu. Musée de Cluny.
Phot. Giraudon.

Jeanne de France. La ▷ fille cadette de Louis XI connut tous les malheurs. Délaissée par un mari qui l'avait épousée sous contrainte, elle aurait pu espérer, à l'avènement de Louis XII, avoir le titre de reine. Elle souffrit mort et passion au cours du procès qui aboutit à la dissolution de son union. Devenue « duchesse de Berri » et reléguée à Bourges, elle accepta avec humilité la volonté de Dieu. Elle fonda l'ordre religieux de l'Annonciade et passa le reste de sa vie à faire le bien autour d'elle. Lorsqu'elle mourut, le peuple de France la pleura. Manuscrit du XVIe siècle. B. N.
Phot. B. N. · © Tallandier.

ANNE, DEUX FOIS REINE DE FRANCE. Une des premières préoccupations de Louis XII fut de se concilier la faveur d'Anne de Bretagne, veuve à vingt-deux ans. Lors du mariage de Charles VIII, il avait été entendu que, si le roi mourait sans enfant, Anne demeurerait maîtresse de sa province, mais qu'elle ne pourrait se remarier qu'avec le successeur de son mari. Or Louis d'Orléans avait, à l'âge de quatorze ans, été contraint par Louis XI d'épouser la fille cadette de celui-ci, Jeanne, infirme et contrefaite, paraissant incapable d'avoir des enfants. Malgré les conseils répétés de son beau-frère Charles VIII, le duc d'Orléans avait jusqu'alors mené joyeuse vie, délaissant complètement une épouse qu'il n'avait jamais acceptée. Devenu roi, il désira faire annuler en cour de Rome le désastreux mariage. Le pape Alexandre VI, sondé par Georges d'Amboise, en accepta l'idée mais demanda à Louis XII, en échange de son bon vouloir, d'accorder à son fils César Borgia le comté de Valentinois et la main d'une princesse de France. Un procès ecclésiastique, engagé à Tours (puis à Blois), dura plus de quatre mois. Jeanne la délaissée se défendit avec dignité et douleur. Finalement l'union fut proclamée nulle pour cause de consentement forcé et de non-consommation. La fille de Louis XI se retira à Bourges, où elle fonda l'ordre religieux de l'Annonciade. Quant à Louis XII, il épousa Anne de Bretagne et se montra le meilleur des maris. Entre-temps, on avait vu arriver à Chinon, où se trouvait alors la Cour, un étrange cortège : précédé par soixante mulets chargés de coffres, par seize pages et trente gentilshommes, César Borgia se présenta devant le roi vêtu de satin rouge et paré de rubis gros comme

Louis XII et la tentation italienne

△ **Un seigneur et une dame.** Ces portraits ont été jadis identifiés comme ceux de Louis XII et d'Anne de Bretagne. L'erreur de cette attribution a été reconnue par les érudits. L'homme représenté ici ne porte d'ailleurs aucun des insignes royaux (couronne ou collier de Saint Michel). Il s'agit donc de deux nobles personnes de la Cour. Musée Condé, Chantilly. *Phot. Lauros-Giraudon.*

des fèves. Il apportait de Rome la bulle d'annulation, ainsi que le chapeau de cardinal pour Georges d'Amboise. Peu après, le nouveau duc de Valentinois épousait Charlotte d'Albret, sœur du roi de Navarre.

Outre Georges d'Amboise, le dévoué confident, et son frère Louis (évêque d'Albi), Louis XII sut s'entourer de bons serviteurs : le chancelier Guy de Rochefort, le chanoine puis évêque de Paris Étienne Poncher, le secrétaire d'État Florimond Robertet, Louis de La Trémoille, Pierre de Rohan, maréchal de Gié. Le pays allait être gouverné avec sagesse ; il est vrai que le règne coïncidait avec une ère de prospérité exceptionnelle. Cependant, la politique aventureuse du roi à l'extérieur allait détruire l'heureux équilibre.

La conquête de Milan. Les Français avaient pu espérer voir les guerres d'Italie enfin terminées. Mais Louis XII avait hérité des prétentions des Valois sur le royaume de Naples. Et surtout il nourrissait depuis longtemps le projet ambitieux de faire reconnaître ses droits sur Milan, droits légués par sa grand-mère Valentine Visconti, fille du duc de Milan Jean-Galéas (mort sans héritier légitime), en dépit des prétentions de la branche bâtarde des Sforza. Encouragé par Georges d'Amboise (Étienne Poncher, en revanche, prêchait la paix), il considérait Ludovic le More comme un usurpateur à abattre. Il lui fallait conquérir son duché à la pointe de l'épée et chasser de Milan le bâtard.

Comme jadis Charles VIII, Louis XII voulut, avant d'agir, nouer des alliances. Il renouvela avec Henri VII d'Angleterre le traité d'Étaples, signa un accord avec Ferdinand d'Aragon. En Italie, il s'aboucha avec Florence, Ferrare, Mantoue, promit à Venise un morceau de la Lombardie. Alexandre VI et César, le nouveau duc de Valentinois, entrèrent dans ses vues. À Lucerne, les cantons suisses lui promirent des troupes. Le roi constitua bientôt une forte armée (24 000 hommes) dont le commandement fut donné à trois hommes de guerre : Louis de Luxembourg, Stuart d'Aubigny et un condottiere italien passé à son service, Trivulce.

L'entrée en campagne fut triomphale. Les troupes parvinrent vite devant Milan, d'où Ludovic, affolé, s'était enfui. La ville ouvrit ses portes à Trivulce, puis Louis XII arriva : vêtu d'un manteau de drap d'or, coiffé d'un chapeau emplumé, il fit une entrée solennelle. Les populations semblaient acquises à leur nouveau maître. Le roi avait d'ailleurs expliqué qu'il gouvernerait de façon libérale et que les impôts perçus serviraient, non pas aux Français, mais aux Milanais eux-mêmes. Un mois plus tard, ayant transmis ses pouvoirs à Trivulce, il repassa les Alpes.

Mais après son départ, l'atmosphère changea. Trivulce, trop dur pour ses

Louis XII à cheval. ▷ Lorsque le roi parcourait les rues de Paris, il enfourchait une simple mule. Mais, pendant les guerres d'Italie, il montait un cheval richement caparaçonné afin d'éblouir les populations. B. N.
Phot. Photothèque Éd. Robert Laffont.

▷ **Comment l'armée de France approcha l'armée de Ludovic Sforza à Novare.** ▷ Les mercenaires suisses, qui combattaient à pied dans les deux camps, ne voulurent pas engager le combat contre leurs propres compatriotes. Ludovic chercha à s'enfuir sous un déguisement de piéton allemand, mais fut reconnu et emmené en captivité. B. N.
Phot. B. N.

anciens adversaires, se fit haïr par certains de ses compatriotes. Apprenant les troubles qui naissaient, Ludovic quitta le Tyrol, où il s'était réfugié, et surgit à la tête de mercenaires suisses. Il fut accueilli avec enthousiasme à Milan le 2 février 1500, tandis que Trivulce fuyait à son tour.

Louis XII, furieux, chargea La Trémoille — qu'accompagnait Georges d'Amboise — d'aller rétablir la situation. À Milan, Ludovic se prépara lui aussi au combat. La rencontre se fit à Novare le 10 avril 1500, mais les Suisses du More, non payés, refusèrent de marcher et surtout de se battre contre leurs propres compatriotes. Ludovic tenta de s'échapper sous un déguisement : on le reconnut et il fut fait prisonnier. On le conduisit d'abord à Lyon, puis à Loches, où il demeura derrière des barreaux jusqu'à sa mort, en 1508. Le roi chargea le cardinal Georges Ier d'Amboise (puis son neveu Charles d'Amboise, seigneur de Chaumont) d'administrer le duché, où le calme revint vite. Les alliés vénitiens s'étaient pendant ce temps servis en s'emparant du Crémonais, tandis que César Borgia, l'autre allié, occupait quelques villes. Enfin Gênes, dont le sort était lié à celui de Milan, passait sous l'autorité du roi de France.

Tentation napolitaine. Louis XII aurait pu se contenter de ces succès, mais ses ambitions allaient plus loin. Il voulut, à son tour, faire reconnaître ses droits supposés sur le royaume de Naples, alors entre les mains du roi Frédéric (oncle de Ferrante II). L'échec de son prédécesseur ne le décourageait pas. Il était encouragé dans ses visées lointaines par Georges d'Amboise, dont le vœu secret était de ceindre un jour la tiare et qui jugeait utile pour sa cause de se montrer en Italie.

La seule puissance susceptible de s'opposer à la conquête de Naples était le roi d'Espagne Ferdinand. Louis XII eut alors l'idée d'un partage du royaume napolitain : il prendrait Naples et la moitié nord du territoire, avec le titre de « roi de Sicile et de Jérusalem », tandis que Ferdinand occuperait le Sud, Calabre et Pouilles. Un traité fut signé à Grenade. Ainsi Ferdinand sacri-

△ **Ferdinand d'Aragon.** Avec Isabelle de Castille, devenue sa femme, Ferdinand fit l'unité de l'Espagne, qu'il éleva à un haut degré de puissance. Malgré ce visage grave et un peu lourd, le Roi catholique fut un des souverains les plus fourbes du temps : il se joua de la bonne foi de Louis XII. Poitiers, musée des Beaux-Arts.
Phot. Lauros-Giraudon.

Bulle du pape Alexandre VI contre Frédéric Ier de Naples. Le pape apprit sans joie le partage du royaume de Naples entre les rois de France et d'Espagne, mais, quand les Français arrivèrent à Rome, il leur donna sa bénédiction et lança une bulle contre le malheureux Frédéric de Naples.
Phot. « Arxiumas » ▽

fiait-il délibérément son cousin Frédéric pour lequel il avait combattu quelques années plus tôt. Le pape, consulté, donna son accord. Il lança même une bulle accusant le pauvre Frédéric d'être entré en tractations avec les Turcs de Constantinople.

Parties du Milanais, les troupes françaises commandées par Stuart d'Aubigny commencèrent leur promenade militaire. À Rome, elles furent cordialement accueillies par Alexandre VI. Grâce à leur redoutable artillerie, elles n'eurent aucune peine à faire tomber les « châteaux » napolitains qui auraient pu leur barrer la route. César Borgia, qui s'intitulait César de France depuis qu'il était duc de Valentinois, participait à l'expédition. Il prit ainsi Capoue, où la soldatesque perpétra d'atroces massacres, n'épargnant ni femmes ni enfants. De leur côté, les forces espagnoles, conduites par l'intrépide Gonzalve de Cordoue (l'ancien adversaire de Gilbert de Montpensier), s'apprêtaient à envahir le sud de la Péninsule. Pris d'épouvante devant ce double assaut, Frédéric s'embarqua pour Ischia. La trahison de son cousin Ferdinand d'Espagne l'avait ulcéré et il préféra se livrer en septembre 1501 aux Français, qui ne lui avaient jamais promis amitié. Le roi lui octroya le comté du Maine à vie et une forte pension, en échange d'une renonciation au trône de Naples.

De nouveau Louis XII triomphait. Il avait confié la vice-royauté de Naples à Louis de Nemours, mais les relations se gâtèrent vite entre celui-ci et Gonzalve de Cordoue. Les anciens complices, devenus adversaires, se disputaient en effet la proie napolitaine. Les troupes espagnoles occupaient sans scrupule des territoires appartenant théoriquement aux Français (en fait, aucune frontière bien nette n'avait été tracée). La guerre éclata, chacun des deux camps recevant des renforts. Elle fut funeste pour les troupes de Louis XII : Stuart d'Aubigny fut vaincu à Seminara, Nemours trouva la mort à Cerignola (21 avril 1503). Naples fut occupée par les Espagnols. Les combats continuèrent malgré un semblant de trêve négociée entre les rois de France et d'Espagne. Louis XII, apprenant de nouvelles défaites, s'emporta contre la duplicité du souverain espagnol : « Il m'a trompé deux fois, s'indigna le Valois.

— Il en a menti, je l'ai trompé plus de dix fois, riposta Ferdinand lorsqu'il connut la colère de son ancien allié. »

◁ **Comment Louis XII ordonna une armée pour reprendre Naples.** Il eût été plus sage pour Louis XII de consolider sa possession du Milanais plutôt que de faire valoir ses droits sur Naples. Cependant, une nouvelle armée fut constituée et confiée à Stuart d'Aubigny, Georges d'Amboise recevant le titre de « lieutenant général au-delà des monts ». B. N.
Phot. B. N.

△ **Portrait de Bayard.** Le « chevalier sans peur et sans reproche » est sans doute le héros le plus populaire des guerres d'Italie. Il aimait le métier des armes, combattit comme un lion à Fornoue et défendit, seul contre 200 Espagnols, le pont du Garigliano pour assurer la retraite des Français. Dessin du XVIIe siècle. Musée dauphinois, Grenoble.
Phot. Coll. et cliché Musée dauphinois, Grenoble.

La lutte prenait parfois une allure chevaleresque, difficile à concilier avec le sac des villes et le massacre des citadins. Ainsi se déroula le « combat des onze ». Pendant le siège de Barletta par les Français, l'un deux, d'Urfé, s'avançant sous les murailles, défia en champ clos les chevaliers espagnols. Onze adversaires se présentant — parmi lesquels un magnifique bretteur, don Diego Garcia de Paredes —, d'Urfé appela à ses côtés dix de ses compagnons, dont Bayard. Le combat des onze — devenus vingt-deux — commença, tandis que des milliers de curieux s'entassaient le long des remparts pour admirer le spectacle. Trois Français tombèrent, puis deux Espagnols, puis quelques autres de chaque camp. Don Diego avait été désarmé mais il se battait encore à coups de pierres lorsque Bayard et d'Urfé intervinrent pour mettre fin à la lutte. Les survivants s'embrassèrent et s'agenouillèrent pour prier ensemble le « Dieu des armées ».

Sur ces entrefaites, on apprit le décès d'Alexandre VI (peut-être empoisonné, plus vraisemblablement mort de maladie). Georges d'Amboise accourut à Rome pour le conclave, avec l'espoir d'être élu. Espoir déçu. On choisit un « pape de transition », Pie III, âgé et malade, qui mourut après vingt-cinq jours de règne. Un second conclave plaça sur le trône pontifical le cardinal Giuliano Della Rovere, celui-là même qui avait jadis tant encouragé la venue de Charles VIII en Italie. Il prit le nom de Jules II. D'un caractère entier et vindicatif, le pontife allait se montrer un implacable politique. La guerre, cependant, continuait dans la Péninsule, chaque camp rivalisant d'ardeur. Bayard, installé sur le Garigliano, se couvrit de gloire en défendant un fameux pont. Les combats autour du petit fleuve durèrent trois mois. Mais les Français épuisèrent leurs forces, décimés en outre par la malaria. Le 1er janvier 1504, ils durent se rendre à Gaète, où ils s'étaient repliés, avec la promesse de pouvoir librement se faire rapatrier par mer. Entre-temps, Louis XII avait, en vain, essayé une diversion dans les Pyrénées. Une trêve fut signée en Italie. Mais le beau rêve napolitain s'était définitivement dissipé.

Diplomatie matrimoniale. Toutes ces nouvelles bouleversaient Louis XII, qui tomba gravement malade à Lyon. On le transporta à Roanne et, de là, à Blois, par bateau sur la Loire. Le pays s'inquiéta d'autant plus que le couple royal n'avait qu'une fille, la petite Claude, encore enfant. L'héritier présomptif, selon l'ordre dynastique, était un Valois d'une branche cadette, François d'Angoulême, alors âgé de neuf ans et qui, orphelin de père, était élevé à Amboise par sa mère Louise de Savoie. Pendant de longues semaines, on trembla pour la vie du roi. La reine Anne, au désespoir, se voyait déjà veuve. Elle imaginait le petit François ceignant la couronne, à la grande joie de l'ambitieuse Louise. Les deux femmes, on le devine, se détestaient. Au pire moment de ses inquiétudes, Anne fit partir vers Nantes, par bateau, des meubles qu'elle désirait mettre en sûreté en Bretagne. Le maréchal de Gié, alors précepteur de François d'Angoulême, prit sur lui d'arrêter le convoi. Crime de lèse-majesté ! Lorsque le roi fut rétabli, la reine courroucée fit mettre le vieux maré-

△ **François de Valois-Angoulême et son maître d'école.** Enluminure du *Dialogue moral* de François de Moulins. Le futur François Ier, alors tout enfant, reçut une éducation très « moralisatrice ». B. N.
Phot. B. N.

Portrait de Charles, futur empereur Charles Quint, à l'âge d'environ seize ans. Quand il en avait quatre, Louis XII pensa le fiancer à sa fille Claude, mais le projet fut abandonné. Peinture de Bernard Van Orley. Budapest, Museum der Bildenden Kuenste. ▷
Phot. Archiv für kunst und Geschichte, Berlin.

chal en accusation. Un long procès s'ouvrit, qui fit grand bruit à travers le pays. Finalement Gié fut banni de la Cour et suspendu de sa dignité de maréchal : il se retira dans son domaine du Verger.

Entre-temps, Louis XII avait signé, en 1504, avec l'empereur Maximilien les trois traités de Blois dont celui décidant les fiançailles de sa fille Claude (elle avait cinq ans) avec le petit-fils de l'empereur, l'archiduc Charles d'Autriche, de peu son cadet. Il s'agissait du futur Charles Quint, fils de Philippe le Beau et de Jeanne la Folle. Il fut convenu que, si Louis XII n'avait pas de fils, Claude apporterait en dot à son

Anne de Bretagne. Devant elle, avec tous leurs emblèmes, les sept vertus théologales : justice, force, prudence, charité, foi, espérance et attrempérence (tempérence). *Histoire de la Toison d'or* par Guillaume Fillastre. Volume exécuté pour Anne de Bretagne. B. N.
Phot. B. N.

mari non seulement le duché de Milan, si longtemps disputé, mais aussi la Bretagne, la Bourgogne et même le comté de Blois. C'était là dépecer le royaume au profit du descendant des Habsbourg et des Aragonais. Dans son hostilité contre Louise de Savoie et contre son fils, la reine Anne avait poussé le roi à conclure ces fiançailles. Maximilien s'empressa de ratifier un traité si avantageux.

Sur ces entrefaites, Louis XII retomba malade. Réfléchissant sur l'avenir du royaume, il crut sage de faire venir François d'Angoulême et de le reconnaître officiellement pour son héritier. Bien plus, comprenant la menace que faisait peser sur la France le traité de Blois, il décida de fiancer sa fille avec le dauphin François. Mais comme il redoutait le caractère entier de sa femme, toujours irritée contre les Angoulême, il combina une manœuvre. Tandis que la reine Anne séjournait en Bretagne en 1506, il convoqua les états généraux à Plessis-lès-Tours. Les députés comprirent ce qu'on attendait d'eux : ils supplièrent le roi de ne pas donner sa fille à l'héritier de Maximilien et de Ferdinand, et d'accorder la petite Claude « à M. Françoys, qui est tout françoys ». Louis XII, enchanté, annonça alors les fiançailles du Dauphin avec sa fille. Irrité de ce manque de parole, l'empereur voulut la guerre, mais la mort de son fils Philippe le Beau détourna son attention.

Louis XII « père du peuple ». Les Français avaient appris avec joie la décision du roi. Louis XII était alors très aimé. On oubliait son physique un peu ingrat, avec sa figure maigre, ses narines larges et relevées, sa glotte saillante, ses bras trop longs, pour ne penser qu'à ses qualités de cœur. Pendant sa maladie, les églises étaient remplies de fidèles priant Dieu pour

◁ **Louis XII avec deux courtisans.** Au temps où, sous l'influence du cardinal d'Amboise, un renouveau de piété se manifestait en France, les sujets de Louis XII durent aimer cette image de leur roi en prière dans son oratoire. Miniature de Jean Perreal, XVIe siècle, B. N.
Phot. B. N. - Photothèque Éd. Robert Laffont.

Une séance de la Chambre des comptes. ▷ Cette cour souveraine avait été créée en 1320 par l'ordonnance de Vivier-en-Brie. Elle était chargée de surveiller la gestion financière du royaume, de confirmer les édits royaux, de tenir la comptabilité des biens du domaine. Ses membres siégeaient en permanence. Leur importance ne fit que croître jusqu'en 1790. Archives nationales, Paris.
Phot. Lauros-Giraudon.

sa guérison. Avant de se séparer, à Tours, les députés des trois ordres lui avaient octroyé le titre de « père du peuple ». Un contemporain notera plus tard : « Quand le roi allait par les champs, on accourait de plusieurs journées pour le voir, lui jonchant le chemin de fleurs et de feuillages, essayant de faire toucher des mouchoirs à sa monture pour les garder comme de précieuses reliques. »

Le souverain montrait dans l'administration intérieure du royaume une prudence, un discernement qu'il n'avait sans doute pas dans sa politique étrangère. Soucieux d'être juste, il rendit plus équitable la répartition des impôts. Il s'intéressait au commerce, veillait au bon état des routes et des voies navigables, développait les mines et les houillères, créait des parlements à Rouen et à Aix-en-Provence, favorisait la vie municipale. On lui doit aussi la limitation des pouvoirs des gouverneurs et l'organisation d'un nouveau code de procédure civile et criminelle par l'ordonnance de Blois de 1499.

La résidence favorite du roi était le château de Blois, qu'il transforma par la construction d'une aile du côté du levant, tout en faisant aménager de beaux jardins vers l'ouest. Les nouveaux bâtiments étaient ornés de son emblème : un porc-épic aux piquants hérissés avec la devise *Cominus ac eminus :* « De près et de loin » (on croyait alors que le porc-épic lançait ses dards pour se défendre quand il était attaqué). Sur la place du château, une autre maison appartenait à la famille d'Amboise : de son balcon en pierre sculptée, le roi pouvait converser avec son conseiller. Le trésorier de France, Florimond Robertet, habitait lui aussi un hôtel tout proche. Ami des arts, Louis XII fit venir architectes et sculpteurs. De son côté, la reine Anne affectionnait les beaux meubles — coffres sculptés, dressoirs, lits ouvragés — et les riches soieries. Elle aimait également s'entourer de lettrés et d'artistes. On voyait en particulier à la Cour Jean Marot, père du futur Clément Marot et poète lui-même, ainsi que Jean Lemaire de Belges.

△ **Aile Louis-XII du château de Blois.** Las des forteresses médiévales et influencé par ce qu'il avait admiré en Italie, le roi fit imprimer au château de Blois la marque de son goût.
Phot. José Dupont-Explorer.

Encore l'Italie. Après la fin de l'aventure napolitaine, les Français pouvaient espérer une longue période de paix. Leur tranquillité ne dura guère. Ils apprirent en effet bientôt que le roi se laissait de nouveau aller à ses rêves de conquêtes. Des conflits se préparaient en Italie. Pourtant, l'accord semblait scellé entre Louis XII et Ferdinand V. Devenu veuf, ce vieil adversaire des Valois avait épousé en 1506 la propre nièce du roi de France, Germaine de Foix. L'année suivante, alors que les Génois, poussés par l'empereur Maximilien, s'étaient révoltés contre l'autorité française, Louis XII alla lui-même, avec l'appui de Ferdinand, les mettre à la raison et fit une entrée remarquée dans la ville. Puis il accueillit avec faste à Savone le roi d'Espagne et la reine Germaine.

Les vraies difficultés ne vinrent pas de Gênes, mais de Venise. La sérénissime République avait réussi le tour de force de réunir contre elle la plupart des princes italiens, exaspérés par ses incessants empiètements territoriaux. Elle s'était emparée de terres d'empire, elle avait grignoté le patrimoine de Saint-Pierre, elle avait mordu sur les frontières du Milanais. Le plus mécontent de ces spoliations était sans

△ **Prise par les Génois du « château » tenu par les Français.** Miniature du *Voyage de Gênes* de Jean Marot, attribuée à Jean Bourdichon. B. N.
Phot. B. N.

Attaque par les Français du bastillon de Gênes. Miniature du *Voyage de Gênes* de Jean Marot, attribuée à Jean Bourdichon. B. N. ▷
Phot. B. N.

Entrée de Louis XII à ▷ Gênes. Depuis 1499, la petite république se trouvait sous l'obédience de la France. Au début de 1507, les Génois se révoltèrent, menaçant d'entraîner à leur suite toute l'Italie du Nord. Louis XII leva des troupes et arriva avec une petite armée : les rebelles durent demander l'aman et, en avril, le roi pénétra dans la ville. B. N.
Phot. B. N. - © Tallandier.

conteste Jules II. Ce pape guerrier — qui, disait-on, envoyait ses bénédictions à coups de canon — tenait à l'intégrité du territoire pontifical et menaçait de ses foudres les Vénitiens, annonçant qu'il réduirait leur cité à l'état d'un village de pêcheurs. À quoi le doge Pisani répondait : « Si le Saint-Père n'est pas sage, nous referons de lui un petit curé. »

En décembre 1508, une ligue fut formée à Cambrai contre la république patricienne. Outre Marguerite d'Autriche, gouvernante des Pays-Bas, qui signa pour son père Maximilien, le pape y adhéra, ainsi que les rois de France et d'Espagne. Ce furent, dit un contemporain, « les grands veneurs lâchés contre le lion de Saint-Marc ». La guerre commença au printemps : les Français allaient en supporter tout le poids. Le lion vénitien, il est vrai, se défendit mal. Louis XII remporta la brillante victoire d'Agnadel (14 mai 1509). Aussitôt, chacun des ligueurs prit part à la curée. Maximilien récupéra les villes qui lui avaient été enlevées, le pape retrouva en Romagne les territoires contestés, puis s'empressa de donner son absolution à la cité des Doges. De leur côté les troupes françaises, qui avaient occupé Brescia, Crémone, Bergame, s'arrêtèrent en chemin et furent licenciées. Le calme sembla revenir dans la plaine du Pô.

Dehors les barbares ! Très vite la situation changea. Dès qu'ils eurent fait la paix avec le pape, les Vénitiens commencèrent à reconstituer leurs forces. De son côté, Jules II tournait casaque : après avoir lui-même appelé les Français, le vindicatif

◁ **Arrivée de Ferdinand d'Aragon à Savone.** Après avoir combattu victorieusement les Français pour la possession du royaume de Naples, Ferdinand le Catholique, devenu veuf, avait épousé la nièce de Louis XII. Il soutint celui-ci dans la répression de la révolte de Gênes, puis alla le rejoindre à Savone : au cours de cette entrevue, les deux rois conclurent une entente, préparant la Ligue de Cambrai. La nouvelle reine, Germaine de Foix, ne fut pas étrangère à cette alliance. B. N.
Phot. B. N.

pontife les prenait en exécration. C'est alors qu'il lança son fameux cri de guerre : *Fuori gli barbari !* (« Dehors les barbares ! »). Louis XII fut d'autant plus troublé qu'il venait de voir mourir son cher ami et conseiller, Georges d'Amboise. Avait-il le droit de combattre le chef de l'Église ? Une assemblée de prélats, réunis sur sa demande à Tours, supplia le Saint-Père de ne pas reprendre la lutte. Ce fut en vain. Une « Sainte Ligue » fut nouée à Venise contre la France le 4 octobre 1511. Maximilien, les rois d'Angleterre et d'Espagne y adhérèrent, sous l'égide du pape casqué. Une nouvelle guerre s'engagea. Jules II, qui ne brandissait plus la croix mais l'épée, attaqua le duc de Ferrare, allié de la France, et vint en personne mettre le siège devant la Mirandole (c'est alors que Bayard faillit le faire prisonnier dans une embuscade). Louis XII avait placé à la tête de ses troupes son neveu Gaston de Foix, alors âgé de vingt-deux ans. Ce stratège de génie, « grand capitaine avant d'avoir été soldat » (dira Guichardin), emporta tour à tour Bologne, Brescia, Ravenne (11 avril 1512), mais le malheur voulut qu'il trouvât la mort au cours de l'attaque de cette dernière ville.

Pendant ce temps, quelques évêques et des cardinaux chassés de Rome par le pape se réunissaient en concile à Pise (puis à Milan), affirmant représenter l'Église universelle et demandant la déposition du pontife simoniaque. Jules II se moqua de leurs prétentions. Ce pseudo-concile de Pise n'était, disait-il, qu'un « conciliabule ». Il lança l'anathème contre la France et ouvrit lui-même le concile de Latran, qui allait condamner celui de Pise. En France, la reine Anne, très pieuse, ne cachait pas son chagrin de savoir son mari brouillé avec Rome. Les mauvaises nouvelles continuaient d'ailleurs d'affluer. La Palice, qui avait reçu le commandement de l'armée après les inutiles victoires de Gaston de Foix, battait en retraite devant les Suisses, eux aussi entrés dans la Ligue. Le Milanais était perdu pour Louis XII. On avait appelé à Milan un fils de Ludovic le More, Maximilien Sforza, le 29 décembre 1512. Des fêtes splendides se déroulèrent à Rome en l'honneur de la libération du territoire. Les « barbares » étaient partis... Ils revinrent pourtant peu après. Voyant le jeune Sforza incapable de montrer son autorité, Louis XII reprit en effet espoir et envoya outremonts de nouvelles troupes, conduites par La Trémoille et Trivulce. Celles-ci se firent battre, une fois de plus, par les Suisses, à Novare. De nouveau il fallut rebrousser chemin. Le seul événement heureux pour la France fut... la mort de Jules II, survenue en février 1513. Un conclave donna la tiare à Jean de Médicis, fils du grand Laurent, qui prit le nom de Léon X. Ce nouveau pape allait se montrer beaucoup moins belliqueux que son prédécesseur.

La France envahie. Rien, cependant, n'était terminé. Ferdinand d'Aragon avait profité des difficultés de Louis XII pour s'emparer de la Navarre espagnole. Son gendre Henri VIII (fils et successeur

Gaston de Foix. Étonnant stratège malgré sa jeunesse, ce neveu de Louis XII connaissait l'art de surprendre les ennemis à l'heure et aux endroits où il n'était pas attendu. Le malheur voulut qu'à Ravenne il se lançât après la bataille à la poursuite de fuyards espagnols qui abattirent son cheval. Ils le percèrent de coups alors qu'il était à terre. La victoire coûtait cher. Florence, galerie des Offices.
Phot. Nimatallah-Artephot.

La bataille d'Agnadel. Louis XII combattit en personne contre les Vénitiens, tandis que La Trémoille encourageait ses hommes en leur criant : « Enfants ! le roi vous voit ! » Bas-relief (détail) du tombeau de Louis XII et d'Anne de Bretagne dans la basilique de Saint-Denis, sculpté par Antoine Juste.
Phot. Lauros-Giraudon.

d'Henri VII) menaçait lui aussi le territoire français. Ce vertueux Tudor, futur responsable du schisme anglican, s'indignait alors contre Louis XII, coupable à ses yeux de vouloir détruire l'unité de l'Église. En juin 1513, il débarqua avec quelques troupes à Calais, dans l'espoir de remporter une victoire aussi grande que celles de ses aïeux à Crécy et à Azincourt. Ayant mis le siège devant Thérouanne, il eut l'agréable surprise de voir surgir en renfort les lansquenets de l'empereur Maximilien. Une petite armée française arriva, commandée par le duc de Longueville (avec à ses côtés Bayard). L'engagement eut lieu à Guinegatte. Il fut bref. Les cavaliers de Longueville, brusquement pris de panique, sautèrent à cheval et s'enfuirent en désordre avec tant de précipitation que la bataille interrompue fut appelée « Journée des éperons ». Le duc ainsi que Bayard furent faits prisonniers, Thérouanne capitula après cent jours de siège, puis Tournai se rendit à son tour. Quelques jours plus tard, des troupes suisses, renforcées par des reîtres allemands, ayant franchi le Jura, parve-

△ **Siège de Dijon par les Suisses (1513).** La ville aurait sans doute succombé si La Trémoille n'avait pas cru plus avantageux d'acheter le départ des assaillants. Le traité ne fut d'ailleurs par ratifié par le roi. Dijon, musée des Beaux-Arts.
Phot. Studio Rémy, Dijon - Photothèque Éd. Robert Laffont.

◁ **Funérailles d'Anne de Bretagne à Saint-Denis (1514).** Le corps de la reine, embaumé, avait été revêtu d'une robe de velours cramoisi et exposé quelque temps dans une salle du château de Blois, avant d'être transféré dans la basilique de Saint-Denis. On transporta à Nantes un reliquaire contenant le cœur de la défunte. Miniature d'un manuscrit de Jean Perréal.
Phot. Lauros-Giraudon.

naient jusqu'à Dijon le 7 septembre. Elles furent arrêtées par un traité signé dans la capitale bourguignonne : Louis XII déclarait abandonner définitivement le Milanais et promettait 400 000 écus aux Suisses (la somme fut, par la suite, réduite de moitié). Enfin, ce même mois, un des rares alliés de la France, le roi d'Écosse Jacques IV Stuart, qui tentait une diversion sur sa frontière anglaise, était vaincu et tué le 27 à Flodden.

Veuvage et remariage. Toutes ces nouvelles avaient abattu le courage de la reine Anne, dont la santé périclita. Elle mourut le 9 janvier 1514, au château de

△ **Louis XII.** Le roi apparaît encore jeune sur cette toile. Lorsqu'il voulut se remarier, il avait 52 ans (âge avancé pour l'époque) et semblait, selon les dires de la peu bienveillante Louise de Savoie, « antique et débile ». Il espérait pourtant que la nouvelle reine lui donnerait un dauphin. Florence, galerie des Offices.
Phot. Scala.

Blois. Un long cortège mena sa dépouille à Saint-Denis. La douleur de Louis XII fut vive. Ne négligeant pourtant pas ses devoirs de roi, il voulut conclure, sans attendre, le mariage de sa fille aînée avec le dauphin François. Une cérémonie fort triste pour la fiancée se déroula le 18 mai au château de Saint-Germain. L'ambitieux François songeait déjà au jour où il monterait sur le trône lorsqu'il apprit que son beau-père allait se remarier, dans l'espérance d'avoir enfin un fils. La déconvenue de François fut cruelle.

À cette époque, tous les anciens antagonistes souhaitaient la paix : l'empereur Maximilien, les rois d'Espagne et d'Angleterre, et surtout le pape Léon X qui s'était empressé de lever la sentence d'excommunication portée contre Louis XII. À Londres, le duc de Longueville, fort bien traité par Henri VIII, eut l'idée d'une union entre la sœur de son « hôte », Marie, et le roi de France. La princesse avait dix-sept ans, Louis XII cinquante-deux, mais la différence d'âge importait peu. Le mariage par procuration fut célébré à Londres, puis Marie passa la Manche, escortée par le duc de Longueville. Détail piquant : ce fut François qui alla en premier saluer la nouvelle reine, débarquée à Boulogne. Ébloui par la blondeur et la beauté de sa jeune épousée, le roi multiplia fêtes et réjouissances. Et surtout, comme dit un mémorialiste, « il fit le gentil compagnon avec sa femme ». Sa santé n'y résista pas. Pris de fièvre et de dysenterie dans le courant de décembre, il mourut à Paris le 1er janvier 1515.

Marie d'Angleterre. Cette ▷ sœur d'Henri VIII, blonde au teint éclatant, éblouit son futur époux. Mariée par procuration à Greenwich, elle traversa la Manche et gagna Abbeville. Elle vit arriver Louis XII à cheval, qui l'embrassa sans descendre de sa monture. Beaucoup de Français critiquèrent ce remariage. Certains répétaient qu'Henri VIII « avait donné une belle haquenée au roi de France pour le porter plus tôt en enfer ou au paradis ». Musée des Arts décoratifs, Paris.
Phot. Josse - © Tallandier.

◁ **Réception de Marie d'Angleterre à Paris.** Après une nouvelle bénédiction nuptiale, la reine fut couronnée le 3 novembre 1514 à Saint-Denis. Le lendemain, elle fit une entrée solennelle dans Paris et fut accueillie par le roi son époux. Les rues étaient ornées d'oriflammes, de bannières et de tapisseries, les fleurs de lis alternaient avec les roses d'Angleterre. Les fêtes durèrent une longue semaine : tournois, joutes, festins, jeux divers. British Museum.
Phot. British Museum, T. D. P.

Page suivante :
Les échevins de Paris. ▷
Ces magistrats municipaux, longtemps nommés par le roi ou par le seigneur, puis élus (dans le Midi on les appelait « consuls »), eurent d'abord des fonctions judiciaires, qu'ils perdirent par la suite pour s'occuper de l'administration. Ils aidaient le prévôt des marchands dans ses tâches de police. À Paris, une ordonnance réorganisa l'institution. Ils étaient au nombre de quatre : deux d'entre eux représentaient les notables marchands, les deux autres les notables bourgeois, et ils étaient renouvelés par moitié tous les ans. Ils siégeaient à l'hôtel de ville. Bibliothèque de l'Arsenal, Paris.
Phot. Lauros-Giraudon.

Le greffe

1515
Marignan

POUR CE QUI EST DES GRANDES AFFAIRES DE L'ÉTAT, de la paix et de la guerre, Sa Majesté veut que les autres obéissent à sa volonté. Dans ce cas-là, il n'est personne à la Cour, quelque autorité qu'il possède, qui ose en remontrer à Sa Majesté. — Ces mots pénétrants, écrits en 1546 par l'ambassadeur de Venise, peuvent résumer le règne de François Ier. Ce jeune homme de vingt et un ans, longuement préparé à régner, mais nullement sûr de monter sur le trône, imposa son pouvoir au parlement et aux grands à la faveur de l'éclatante victoire de Marignan. « Le premier de nos rois absolus », a-t-on dit. Cette évolution d'un régime encore semi-féodal vers une monarchie ne fit que se renforcer au cours des trente-deux années du règne : la mise au pas du parlement, le concordat, l'octroi des charges et faveurs royales à de bons serviteurs du trône sans égard pour le rang et la noblesse, la reprise en main des finances, enfin la réorganisation administrative du pays développèrent et consolidèrent cette « grande monarchie française », titre par lequel, dès 1519, l'évêque de Marseille Claude de Seysel nommait déjà le règne de François Ier. Il n'est pas jusqu'au vocabulaire qui n'ait porté l'empreinte de cette souveraineté : « tel est notre plaisir », « Sa Majesté » furent des expressions nouvelles, importées d'Italie.

Pourtant ce règne, si brillamment commencé par la victoire de Marignan, a subi de nombreux revers militaires et même diplomatiques. Trois grandes figures dominaient alors l'Europe : François Ier, Charles Quint et Henri VIII d'Angleterre, qui se disputaient prestige et suprématie. François, malgré bien des atouts, dut céder la première place, grand perdant de l'élection à l'Empire. Le royaume fut à plusieurs reprises dévasté par les hommes d'armes, appauvri, écrasé d'impôts et menacé de démantèlement. Le roi lui-même fut fait prisonnier, à la merci de son adversaire. Mais, malgré cela, ces trente années compteront parmi les plus brillantes de l'histoire de France. Les frontières du pays se consolidèrent. L'État se raffermit et noua des alliances diverses. Les arts et lettres s'épanouirent sous la protection royale et le bouillonnement de la Renaissance fit craquer les vieilles structures, donnant naissance à une France moderne et prospère qui aurait assez de ressources pour traverser la tragique épreuve des guerres de Religion.

◁**Salamandre de François Ier.** C'est de sa mère que François Ier hérita l'emblème de la salamandre, emblème qui fut déjà celui d'un ancêtre, Jean d'Angoulême. Cet animal sans aile passe pour posséder la faculté de vivre dans les flammes sans s'y brûler. Il évoque le tempérament de feu du roi, et celui-ci choisit pour devise : « Nutrisco et extinguo » (« Je défends le bien et je détruis le mal »). La salamandre décora les châteaux royaux, mais aussi les maisons plus modestes des courtisans. Château de Beauregard.
Phot. Patrick Lorette.

MON ROI, MON SEIGNEUR, MON CÉSAR, avait écrit Louise de Savoie dans son journal pour désigner son fils chéri, François. Celui-ci avait reçu l'éducation d'un prince par les soins du maréchal de Gié. Si l'enfant s'était montré studieux et assez appliqué, seuls les exercices militaires et sportifs l'avaient vraiment attiré et il s'était développé magnifiquement, bon cavalier, habile à la lutte et aux courses. Le soir, la mère pouvait tenir longuement enlacé son petit César.

Ambitions et rivalités. Ces mois, ces années avaient été en vérité bien pénibles.

Le roi chevalier

△ Le château de Cognac. Derrière ces murs épais, Louise de Savoie, tout en défendant âprement les droits de ses enfants, mena au milieu de sa petite cour une vie brillante et assez libre.
Phot. Gérard Sioen - C. E. D. R. I.

Louise avait vécu dans l'angoisse. La rage au cœur, elle avait appris la grossesse d'Anne de Bretagne, puis, avec soulagement, la naissance d'une petite fille, Claude, le 14 octobre 1499. Avec acharnement, la Bretonne s'était efforcée de donner à son mari le dauphin qu'il attendait : elle avait été enceinte à nouveau, une fois, deux fois, mais des fausses couches avaient ruiné ses espoirs. En 1502, elle avait accouché d'un petit garçon qui n'avait vécu que quelques heures. Entre les deux mères, la rivalité avait

◁**Marguerite d'Alencon et son frère Francois d'Angoulême** jouant aux échecs. Mariée de bonne heure, Marguerite porta un amour exclusif à ce jeune frère, son cadet de trois ans. Elle eut une grande influence sur lui, au moins dans la première moitié du règne. Miniature de la fin du xve siècle. B. N.
Phot. B. N.

△**Louise de Savoie.** Veuve à dix-neuf ans, orgueilleuse et obstinée, elle reporta sur son fils toutes ses ambitions et tout son amour, et elle le prépara à l'exercice du pouvoir. En fils reconnaissant, François entoura « Madame » d'honneurs et de prévenances et lui conféra la première place. Château de Beauregard.
Phot. Tallandier.

tourné à la haine, une haine masquée sous les sourires et les révérences. L'une avait épié le ventre de l'autre, l'autre avait poursuivi de son hostilité le jeune garçon qui lui rappelait son infortune. Jusqu'à son dernier souffle, Anne n'avait pas renoncé. Et, faute de mettre au monde un héritier, elle avait tenu à assurer la plus belle part à sa fille Claude en la promettant en mariage au petit-fils de Maximilien d'Autriche, Charles — les deux enfants étaient âgés respectivement de deux ans et de un an ! Au cours de la cérémonie des fiançailles en 1501, François, héritier du trône, s'était tenu à côté de Louis XII. Mais, en vérité, ce dernier avait fort répugné à un mariage qui amputerait la France de la Bretagne, fief de Claude, et qui installerait un Habsbourg au cœur du royaume. Aussi n'avait-il eu bientôt qu'une idée, en l'absence d'héritier direct : dénouer ces fiançailles et faire épouser Claude à François. Les états ou plutôt l'assemblée de no-

△ **François Ier en 1518,** à l'âge de vingt-quatre ans. « Beau chevalier et beau prince », la bonne grâce et le charme émanaient de toute sa personne. Musée Condé, Chantilly.
Phot. Jean Vigne.

François Ier entre à Paris par le faubourg Saint-Denis. L'entrée symbolisait la prise de possession de la ville, et par conséquent du royaume. ▷
Phot. Jean Vigne.

tables de Plessis-lès-Tours de 1506 étaient entrés dans ses vues en déclarant que la fille du roi devait épouser « Monsieur François, ici présent, qui est tout françois » ! Au grand dépit d'Anne, les fiançailles avaient donc été rompues en 1506 ; François avait été solennellement fiancé à Claude (le mariage ne fut célébré qu'en 1514) et Louise avait triomphé. Mais, au printemps 1507, la reine avait été de nouveau enceinte, réveillant ainsi toutes les angoisses de Louise. Elle avait accouché en 1508 d'un enfant mort-né. Le roi avait alors décidé de prendre François auprès de lui. Il l'avait emmené partout dans sa suite et lui avait donné la première place.

En 1512, âgé de dix-huit ans, l'héritier au trône se présentait comme un beau garçon athlétique, très grand, au nez long, bon cavalier et bon danseur, dispendieux, insouciant, aimant les femmes et d'ailleurs aimé d'elles. Il assistait au Conseil et le roi l'avait nommé en 1512 commandant en chef de l'armée de Guyenne. En 1514, la reine Anne était morte et plus rien n'avait semblé séparer François du trône. Il avait fallu cependant trembler encore quelques mois, car Louis XII, inquiet de la prodigalité de son neveu, s'était remarié avec Marie d'Angleterre dans l'espoir d'avoir enfin un héritier. Mais la nouvelle vie que lui avait fait mener la toute jeune reine avait eu raison de ses dernières forces et il avait succombé le 1er janvier. Dans son journal, Louise écrivit à ce jour : « Le 1er janvier 1515, mon fils fut roi de France. »

Faire ses preuves. Le 25 janvier, François Ier fut sacré à Reims puis, le 15 février,

il entra solennellement à Paris, à la tête d'un somptueux cortège, se prêtant de bonnes grâces aux réjouissances qu'on lui avait préparées. Aussitôt monté sur le trône, il distribua ses largesses, d'abord à sa mère le 4 février 1515, en érigeant en duché le comté d'Angoulême, auquel il ajouta l'Anjou, les comtés du Maine et de Beaufort, ensuite à sa sœur Marguerite en lui attribuant les revenus du duché de Berry, enfin à ses camarades d'enfance et d'adolescence tels que Bonnivet et Robert de La Marck. Puis il mit en place son gouvernement et organisa sa cour, en octroyant à Louise le titre de Madame et en la nommant régente chaque fois que ses déplacements l'exigeraient. Celle-ci poussa en avant son homme de confiance, qui devait être l'âme du nouveau régime et l'artisan du pouvoir absolu, un juriste auvergnat nommé Antoine Duprat. Pour renflouer le Trésor, les grands corps furent confirmés dans leurs offices moyennant finances et de nouvelles charges furent créées. Quant à la Cour, notion encore imprécise à cette époque et importée d'Italie, elle se constitua de grands seigneurs et de leurs épouses qui suivirent le roi dans ses déplacements, en particulier lors des solennelles entrées dans les villes du royaume. La jeune Claude, timide, effacée et déjà enceinte, n'y parut guère : en août 1515, elle mettait au monde une petite fille, appelée Louise.

Préparé aux sciences militaires et à son métier de roi, le jeune François Ier brûlait de faire ses preuves. Quel terrain était plus propice pour se battre que le Milanais, sur lequel, comme son prédécesseur, il se jugeait des droits et dont il connaissait l'admirable culture ? Aux mains de Maximilien Sforza, le Milanais était défendu par des mercenaires, ces Suisses intrépides qui avaient battu Louis XII et qui tenaient solidement toutes les vallées du duché. François, se proposant d'abord de négocier, offrit de l'or aux Suisses mais ceux-ci refusèrent, encouragés par le cardinal Mathias Schinner, évêque de Sion, par le pape Léon X et par le roi d'Espagne, qui espéraient chacun un revers français.

Il fallut donc se battre. Le jeune roi trouva un allié du côté de Venise et il acheta la neutralité du roi d'Angleterre Henri VIII. Quant à Charles d'Autriche, petit-fils de Maximilien et du roi d'Espagne Ferdinand, il déclara qu'il n'interviendrait pas, car il voulait se ménager l'appui ultérieur du roi français, lorsqu'il se poserait en prétendant à la couronne d'Espagne à la mort de Ferdinand. Le 12 juillet 1515, François entra à Lyon, prêt à passer les Alpes pour conquérir l'Italie. Sans doute ce « mirage italien » avait-il déjà coûté fort cher à la France, puisque Charles VIII avait dû abandonner l'Artois, la Franche-Comté et le Roussillon et que Louis XII avait surtout agi pour le panache. Mais, outre que les notions d'intégrité nationale et de frontières n'avaient pas le même sens à cette époque qu'aujourd'hui, il n'était pas absurde d'assurer, sinon la domination, du moins l'empreinte française sur cette partie de l'Italie, anarchique, bouillonnante qui se déchirait en principautés rivales. En tout cas, la conquête du Milanais hanta François comme elle avait hanté ses prédécesseurs.

Quelle route emprunter pour franchir les Alpes ? Les Suisses, mobilisés, bloquaient

Robert de La Marck. Ce ▷ grand seigneur, duc de Bouillon et maître de Sedan, choisit, après quelques hésitations, d'apporter son concours et ses troupes à François Ier plutôt qu'à Charles Quint.
Phot. Patrick Lorette.

◁ **François Ier et sa cour.** Le roi groupa autour de lui de nobles seigneurs, parmi lesquels il choisit ses favoris. Il distribua des titres et des terres et créa ainsi une nouvelle hiérarchie nobilière. Des gentilshommes étaient attachés à son service particulier et l'accompagnaient dans ses voyages, chacun briguant la charge du premier gentilhomme, « parce qu'il couche dans sa chambre et est auprès de lui à son lever, si bien qu'il en a l'oreille ». Musée Condé, Chantilly.
Phot. Jean Vigne.

△ **Guillaume de Bonnivet.** Compagnon d'enfance de François, comblé par les faveurs royales, il fut un remarquable courtisan et un détestable stratège. Château de Beauregard.
Phot. Tallandier.

le pas de Suse, renforcés par des hommes du roi d'Espagne. Tourner les Alpes par le sud ? L'opération prendrait du temps et l'automne avec ses pluies n'était pas loin. Un vieux routier des guerres d'Italie, le maréchal Trivulce, proposa alors, sur les conseils d'un montagnard, un audacieux chemin qui utilisait les cols, le passage de l'Argentière et qui devait déboucher sur la vallée de la Stura à la plus complète surprise de l'adversaire. On prépara aussitôt la route en déblayant les rochers et en montant des ponts sur les torrents. Enfin la voie fut praticable et le connétable de Bourbon en avant-garde commença l'escalade. Il lui fallut trois jours pour passer, exploit digne d'Hannibal ! Le gros de la troupe n'eut plus qu'à suivre. Le 15 août, le roi et ses capitaines s'engagèrent à leur tour ; les canons et les lourdes armures apparurent dans les plaines d'Italie. La Palice, passé par Briançon, rejoignit le gros de la troupe mais il apprit sur ces entrefaites que les cavaliers du pape cam-

paient non loin de là, à Villafranca, sous le commandement de Prospero Colonna. Colonna, qui ne se doutait de rien, entamait son dîner lorsque brusquement il fut assailli par les Français. L'effet de surprise fut total et décida de la victoire. En quelques instants, 300 hommes d'armes et 700 chevau-légers furent mis hors de combat. La nouvelle se répandit vite et les Suisses, démoralisés, abandonnèrent le Piémont pour se regrouper dans le Milanais. La plaine de Turin s'ouvrait libre devant les Français.

Marignan. Magnifique armée que ces colonnes qui s'étiraient en ordre rangé et se rassemblaient dans la plaine ! Comme toutes les armées du temps, elle comprenait un ensemble hétérogène de corps venus de tous les coins d'Europe, quelque trente mille fantassins, lansquenets envoyés par le duc de Gueldre, Gascons, Basques, auxquels s'étaient mêlés un bon nombre d'aventuriers et de marauds, groupés en « bandes » de cinq cents hommes. Leur armement, traditionnel, était la longue pique, qui brise les charges de la cavalerie, la hallebarde pour les duels, la dague pour le corps à corps ; mais, dès la fin du XVe siècle, ils avaient adjoint à leur équipement une arme à feu portative, destinée à un grand avenir, « l'haquebute » (l'arquebuse). Outre ces trente mille hommes de pied, l'armée comportait trois mille nobles volontaires, à cheval et en armures, organisés en « lances », 12 000 chevaux, 72 pièces de grosse artillerie et 300 pièces légères. Ces canons avaient déjà paru pendant les campagnes de Charles VIII et de Louis XII, sans y jouer un rôle décisif. À François Ier revient le mérite d'avoir compris l'usage qu'on pourrait en faire. Il aida lui-même à hisser l'artillerie sur les sentiers de montagne, couleuvrines portées sur deux roues, canons portés sur quatre, faucons plus légers. Désormais, ces pièces devaient être de toutes les batailles et la qualité du bronze français allait assurer une part du succès de François Ier face au bronze italien qui éclatait trop tôt.

Bourbon menait l'avant-garde. Le roi suivait, vêtu de blanc par-dessus son armure, le duc d'Alençon fermait la marche. Loin derrière venait l'intendance. Bien qu'il désirât ardemment croiser le fer, François proposa encore aux Suisses une négociation afin d'éviter le combat. Sagesse méritoire pour un jeune homme de vingt et un ans si soucieux de sa gloire. Il leur proposa un million d'écus d'or, en échange de quoi les Français occuperaient le Milanais ; le duc Sforza recevrait lui-même un duché et des revenus en France. Les Suisses hésitèrent, tentés par l'offre. Mais, derrière eux, le cardinal de Sion, qui haïssait les Français, les excita. Bientôt, d'ailleurs, il fut trop tard : les événements décidèrent à la place des hommes. Un jeune capitaine français, un de ceux qui avaient défait facilement Prospero Colonna, prit sur lui de faire prisonniers sans tambour ni trompette des Suisses campés à Turin, qu'il surprit dans leur sommeil. Aussitôt les colères se réveillèrent et, le 13 septembre, chacun courut à ses armes.

◁**François Ier chevauche vers la Lombardie.** Le roi portait une immense admiration à sa mère. Il se fiait à ses jugements et écoutait ses conseils. Au moment de franchir les Alpes, ce fut vers elle que se tournèrent ses pensées. On la voit ici en prières à Amboise, tandis que son mari, Charles, repose à Angoulême. Elle gouverna autant que son fils et, pour parler de l'autorité supérieure du royaume, on disait fréquemment : « Le Roi et Madame ». B. N.
Phot. B. N.

◁**Jacques de Chabannes,** maréchal de La Palice. Il fut un des plus grands hommes de guerre de son temps et collectionna les succès, à Marignan, à Fontarabie. Ses soldats l'aimèrent tant qu'ils composèrent à sa mort une chanson célèbrant sa vaillance : « Un quart d'heure avant sa mort, il était encore en vie. » Mal comprise, la chanson donna leur nom aux « lapalissades ». Château de Beauregard.
Phot. Patrick Lorette.

△**Prospero Colonna :** capitaine de grande valeur au service du pape, il fut surpris à Villafranca alors qu'il dînait. Sa cavalerie fut capturée. Il prit sa revanche sur les Français en 1522, à la bataille de La Bicoque. Il était alors presque octogénaire. Il mourut l'année suivante. Château de Beauregard.
Phot. Patrick Lorette.

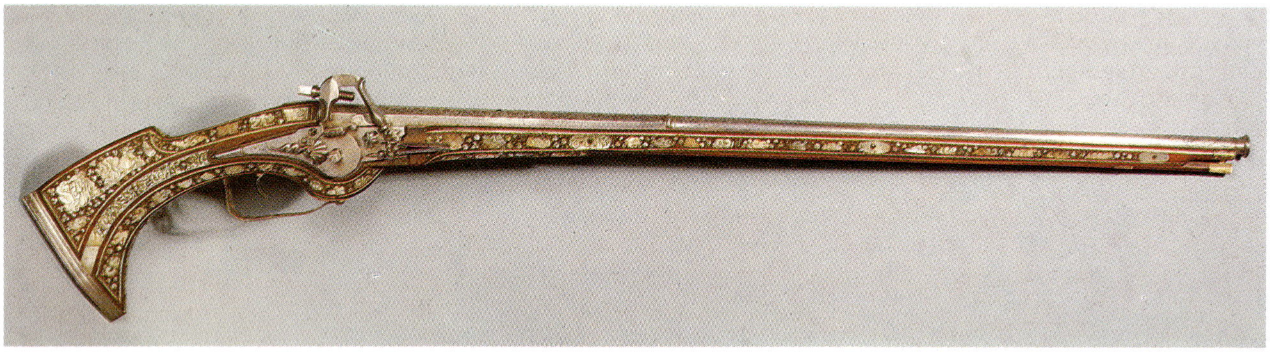

◁**Arquebuse à rouet.** À la fin du xve siècle, l'infanterie fut dotée d'une arme nouvelle, très offensive : l'arquebuse, arme à feu portative, dont la technique se perfectionna. Des armuriers génois ou allemands inventèrent le rouet, grâce auquel la mise à feu se faisait sans mèche allumée, par le grattage d'une molette sur une pierre à silex. Paris, musée de l'Armée.
Phot. Lauros-Giraudon.

Il résulte des relations faites par les contemporains, que les différents épisodes de la bataille de Marignan furent souvent confus. On sait qu'ils se déroulèrent sur deux jours et que les combats furent très meurtriers : vingt mille morts. Le 13 septembre, tandis que l'armée de François Ier avançait sur Milan, les vingt mille Suisses qui s'y trouvaient rassemblés décidèrent d'attaquer. Le jour commençait à baisser. Les troupes étaient à peu près égales. Le connétable de Bourbon reçut le premier choc, assez rude, en raison du terrain trempé par les canaux d'irrigation et les infiltrations qui empêchaient les manœuvres. Le but des Suisses était de prendre les canons pour les retourner contre l'adversaire. Genouillac, maître de l'artillerie française, parvint à reculer.

François Ier déboucha alors à son tour. Il stationnait non loin de là, avec le gros de l'armée, près de Melegnano, Marignan, et, avec deux cents lances, il chargea les Suisses. La mêlée fut incertaine, car les Suisses tenaient bon. Cependant, grâce à l'attaque du roi, les canons purent être pointés sur l'adversaire et firent dans les rangs suisses de larges trouées. L'ennemi dut reculer. Le jour commença à baisser et le roi regroupa ses hommes. Sans quitter ses positions, il passa le reste de la nuit « cul sur la selle » et dicta des lettres qu'il

◁**La bataille de Marignan.** Elle dura deux jours. Ce dessin figure plusieurs scènes : au premier plan, le roi, vêtu de bleu, charge à la tête de sa cavalerie. Au second plan, les piquiers suisses se mesurent aux fantassins, tandis que se déploie l'artillerie française, forte de trois cents canons. Musée Condé, Chantilly.
Phot. Jean Vigne.

△**La nuit à Marignan.** De petites attaques, des corps à corps eurent lieu durant la nuit, où lansquenets et gens d'armes trouvèrent la mort. Sans descendre de cheval, le roi fit rétablir les lignes et reculer l'artillerie trop avancée, tandis que le trompette sonnait le ralliement. Illustration de Robida (1909). © by S. P. A. D. E. M., 1986.
Phto. J.-L. Charmet-Explorer.

◁**Les Suisses à Marignan.** Rudes soldats réputés invincibles, ils étaient environ 28 000 fantassins, armés de la longue pique, qui se battirent pour les Espagnols. Durant le combat, ils perdirent 15 000 des leurs. François Ier ne voulut pas les poursuivre dans leur retraite, car il songeait à un accord avec eux, lui permettant de lever parmi eux des contingents de soldats. Illustration de Robida (1909). © by S. P. A. D. E. M., 1986.
Phot. J.-L. Charmet-Explorer.

donna au chancelier Duprat resté à ses côtés.

La seconde bataille commença à l'aube du 14 septembre et dura toute la journée. Les Suisses avancèrent en rangs serrés sur les lignes françaises, que François avait étirées en longueur plutôt qu'échelonnées en profondeur comme c'était l'usage. Ils visèrent le centre où le roi se tenait — le connétable de Bourbon commandant l'aile droite et le duc d'Alençon l'arrière-garde à gauche. Mais, cette fois encore, l'artillerie de Genouillac cracha ses boulets et sema le

Bayard arme François Ier ▷ chevalier. Selon certains témoins (Martin du Bellay), l'événement eut lieu avant le combat, selon d'autres après. En tout cas, le geste est symbolique, par lequel le roi-soldat renouait avec les rites de l'ancienne chevalerie, en un temps où l'institution était appelée à disparaître devant les conditions nouvelles de la guerre. Illustration de Robida (1909). © by S. P. A. D. E. M., 1986.
Phot. J.-L. Charmet-Explorer.

△ Bayard. Trente années de campagnes militaires ! En un temps où le courage, l'honneur et le hasard décidaient, plutôt que la stratégie, du sort des batailles, il fut le prototype du chevalier « sans peur et sans reproche ». Il combattit sur tous les fronts en Italie, en France, en Navarre, excellant en « trois choses qui conviennent à parfait chevalier : assaut de lévrier, défense de sanglier et fuite du loup ». Grenoble, Musée dauphinois.
Phot. Lauros-Giraudon.

désordre. Un nouvel assaut de 5 000 Suisses parut réussir, mais ceux-ci furent pris à rebours par le feu des arquebuses d'un capitaine espagnol au service des Français, qui les obligea à fuir. Les cavaliers français, puis les Vénitiens arrivés tardivement, n'eurent plus qu'à charger, sans parvenir toutefois à débander totalement l'adversaire, demeuré assez solide pour se replier en ordre. Certes, la victoire était aux Français, mais les morts furent très nombreux de part et d'autre.

Le concordat. Le 16 octobre, le roi de France fit une entrée triomphale dans la ville de Milan au milieu des acclamations. Il avait été armé chevalier par Bayard sur le champ de bataille, et chacun put admirer la bravoure du glorieux vainqueur, qui effaçait ainsi les revers de Louis XII et commençait son règne sous un signe éclatant. Restait à tirer les conséquences de la victoire. Maximilien Sforza, le premier, céda aux exigences du vainqueur et il renonça au Milanais d'autant plus facilement que François lui offrait de larges dédommagements. Le connétable de Bourbon fut nommé vice-roi du Milanais ; le chancelier Duprat fut chargé de mener les négocia-

Maximilien Sforza. Fils de Ludovic le More, qui finit tragiquement ses jours dans les geôles de Loches, Maximilien fut un prince de la Renaissance, aimant les arts et les fêtes, et assez insouciant. Il confia aux Suisses le soin de défendre son duché de Milan et ne participa guère aux combats. Vaincu, il reçut de son vainqueur magnanime une pension annuelle de 36 000 écus, le duché de Nemours avec ses revenus. Il finit sa vie en France, sous le nom de comte Guichardin. Son frère François Sforza fut rétabli à Milan en 1521 par Charles Quint.
Phot. Luisa Ricciarini. ▽

tions avec les Suisses : négociations difficiles car ces combattants intrépides, affaiblis mais non vaincus, se montraient toujours hostiles. Il fallut puiser à pleines mains dans le trésor royal — un million d'écus — pour gagner leur neutralité : la paix de Fribourg fut signée le 29 novembre 1516, connue dans l'histoire sous le nom de « Paix perpétuelle », selon laquelle les Suisses refuseraient désormais de prêter leur concours aux adversaires de la France. Implicitement, cela signifiait également que le roi de France les emploierait pour son propre compte. Les Suisses reçurent en plus 300 000 écus d'or pour leurs frais.

Les négociations s'ouvrirent également avec l'Espagne, où le roi Ferdinand était mort le 23 janvier 1516 et où son petit-fils Charles briguait la succession. François comprit-il alors la menace d'encerclement que représenterait l'avènement d'un Habsbourg ? En tout cas, il offrit en mariage au futur roi Louise de France, sa fille d'un an, et l'accord fut signé à Noyon le 13 août 1516, gage de paix entre les souverains. Quelques mois plus tard, François proposa un traité de non-belligérance et de protection mutuelle à Maximilien et à Charles : l'accord semblait inaugurer un nouvel âge d'or en Europe.

Parmi ceux que la victoire française avait le plus inquiétés figurait le pape. Le Saint-Siège avait, en effet, apporté son appui à Sforza en échange de Parme et de Plaisance et il avait pris à Ferrare, alors alliée aux Français, Modène et Reggio. La défaite du Milanais était un peu sa défaite : aussi envoya-t-il immédiatement au vainqueur un émissaire au nom prédestiné,

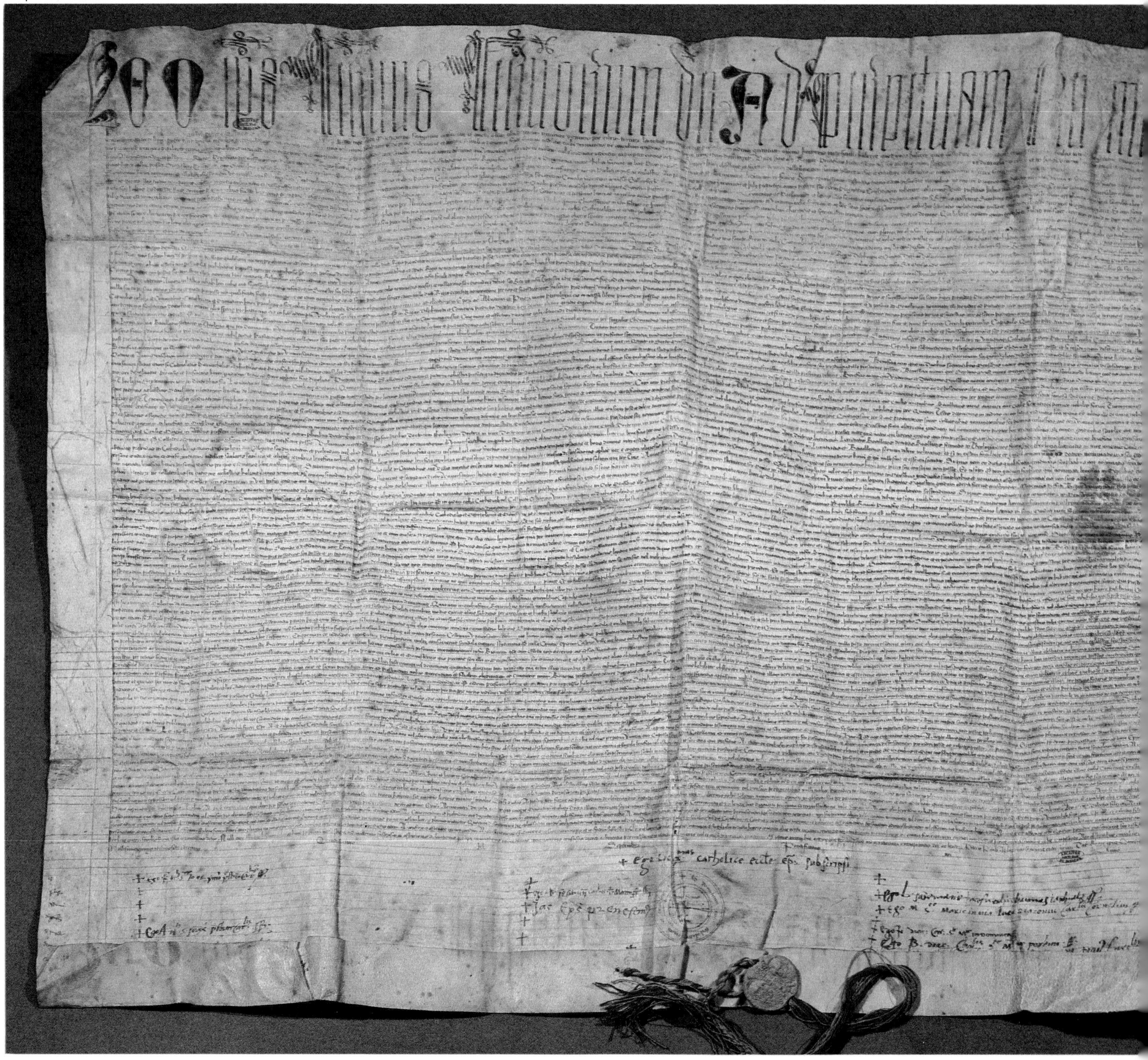

Le concordat de 1516. Ce document eut une importance capitale : il faisait du roi le chef religieux de la France et lui donnait le pouvoir de nommer les évêques. Chef temporel de l'Église, le roi en était aussi le maître spirituel, ayant reçu par son sacre le don sacerdotal de guérir les écrouelles. En 1528, le roi « toucha » environ 1 400 scrofuleux. Musée de l'Histoire de France, Archives nationales.
▽ *Phot. Bulloz.*

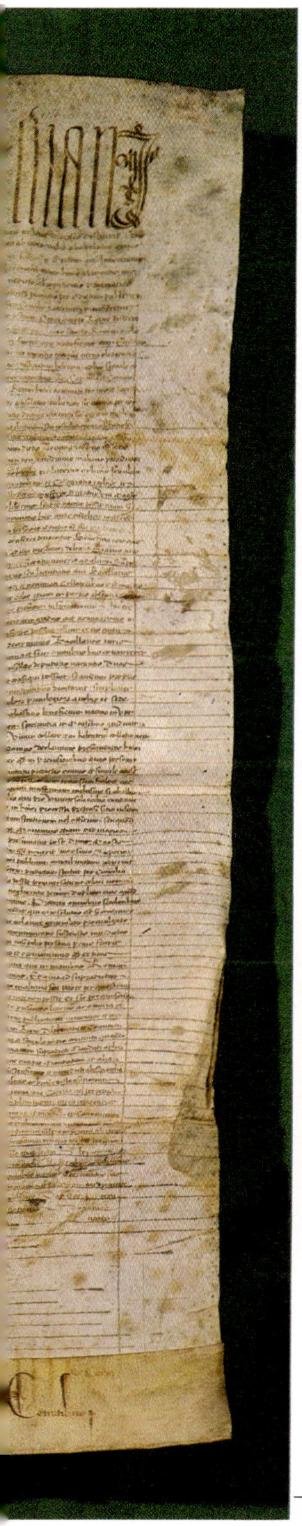

△ **Le pape Léon X.** Fils de Laurent le Magnifique, cultivé, aimant les fêtes, la chasse, les arts, il fut un vrai prince de la Renaissance. Il chargea Raphaël d'embellir le Vatican et de peindre les fameuses « chambres », finançant ses dépenses par l'octroi d'indulgences. Il eût voulu faire de toute l'Italie le fief des Médicis, mais le succès français de Marignan ruina ses projets. Après le concordat, il préféra s'entendre avec Charles Quint et il eut la joie de voir les Français chassés de Milan. Ce fut Léon X qui condamna les principales thèses de Luther et qui excommunia le moine de Wittenberg. Florence, musée des Offices.
Phot. Scala.

56, 1515 MARIGNAN.

Canossa. François Ier chargea Duprat de négocier les différends territoriaux. Modène fut rendue à Ferrare, Parme et Plaisance au roi de France. En revanche, sur les prérogatives religieuses et ecclésiastiques du pape, les points de vue furent plus difficiles à rapprocher.

Depuis 1438, l'Église de France était régie par la « pragmatique sanction de Bourges » qui retirait au pape la nomination des évêques, désormais élus par les chapitres, et qui refusait de payer à Rome le tribut des annates. Le Saint-Siège avait certes refusé de reconnaître ces règles. Aussi Duprat jugea-t-il le moment opportun d'offrir à Léon X un nouveau concordat. De fait, le système de l'élection des évêques et de la distribution des commendes provoquait des rivalités souvent scandaleuses, maintes usurpations et procès, ainsi que des interventions secrètes de la curie, de sorte que ni le roi ni le pape n'y trouvaient leur compte : le premier parce que le système donnait trop de pouvoirs à l'Université et au parlement, et le second parce que l'Église de France était en révolte contre son autorité. Déjà le concile de Latran avait voulu procéder à la condamnation de « la pestilence de Bourges ».

Les négociations préparatoires durèrent plusieurs mois. Enfin, le 11 décembre 1515, le roi se rendit à Bologne en somptueuse escorte, et le pape lui fit un accueil triomphal. François servit la messe avec dévotion ; il séduisit les cardinaux et, feignant des exigences extrêmement dures — l'aval donné à la pragmatique sanction —, il amena Léon X à ses vues : quatre jours plus tard, un texte commun était signé selon lequel le roi obtenait la nomination des évêques sous réserve de la confirmation du pape ; en dédommagement, celui-ci obtenait le rétablissement de l'impôt de l'annate.

Le parlement mis au pas. Restait à faire accepter le concordat par les divers partis en France. Les évêques n'y firent pas obstacle, le roi jouant traditionnellement le rôle de protecteur de l'Église. Mais certains jugèrent que ce texte, renforçant la souveraineté royale, risquait de « vassaliser » l'Église. Derrière le concordat, se jouait en fait une conception nouvelle de la royauté et chacun — les évêques, le parlement, l'Université, le roi et ses ministres — avait conscience de l'importance de l'enjeu. Le 5 février 1517, le roi et Duprat se rendirent devant le parlement pour y exposer les nouveaux articles selon lesquels le roi se posait en défenseur de l'Église gallicane et, comme l'assemblée se montrait réservée, François n'hésita pas à évoquer les « punitions » contre les opposants. Pendant un an, on allait assister à une vive joute entre les deux pouvoirs, joute qui devait s'achever sur un coup de force.

Le parlement commença par faire traîner les débats. Le 23 mai 1517, il nomma une députation chargée de mettre en garde le roi contre des mesures qui pouvaient « fouler la liberté de l'Église » ; le 26 juin, mécontent de ces manœuvres dilatoires, le roi envoya devant l'assemblée son oncle, le bâtard de Savoie, pour y suivre les débats. Intrusion du pouvoir royal ? Le parlement protesta avec tant de vigueur que l'émissaire dut se retirer. Mais, aussitôt, à la députation du parlement, le roi répliqua vertement : « Ceux qui ne se soumettront

△ **Antoine Duprat.** Avocat, président du parlement de Paris, cet Auvergnat malin et sans préjugé, attaché à Louise de Savoie, fut nommé chancelier et dirigea l'action politique et juridique du gouvernement.
Phot. Patrick Lorette.

François Ier et son conseil. Le conseil est l'organe suprême de gouvernement, dont faisaient partie les princes du sang, de grands seigneurs, le chancelier. Le roi pouvait prendre ses décisions hors du conseil ou en conseil restreint. Musée Condé, Chantilly.
Phot. Jean Vigne.

Le roi régnant à la cour du parlement. ▷ Associé au pouvoir législatif, le parlement tenta de préserver ses prérogatives face au pouvoir royal. Il fallut un lit de justice — le roi siégeant sous un dais — pour que le concordat fût enregistré.
Phot. Jean Vigne.

pas à mes ordres, je les chasserai. » Après une discussion serrée de onze jours, le parlement déclara refuser à l'unanimité le concordat. Puis ce fut au tour de l'Université de s'en mêler, protestant contre l'abolition de la pragmatique. Le conflit était ouvert.

Duprat ne se laissa pas intimider et il encouragea le roi à tenir bon. Celui-ci convoqua une nouvelle députation de parlementaires et leur tint, en décembre 1517, un discours d'une violence inouïe : « Je ne souffrirai point qu'il y ait plus qu'un roy en France... Non, il n'y aura pas ici un sénat comme à Venise qui dicte ses lois au Prince. (Si la Cour refuse), elle aura plus de regret qu'elle n'en a jamais eu... » Et la menace pointait de faire « mettre aux fers » les opposants. On fit dire également que François projetait l'institution d'un parlement à Orléans qui remplacerait celui de Paris. Cette fois, les parlementaires durent s'incliner. Le concordat fut enregistré avec la mention « de l'ordre exprès et réitéré du roi ». En fait, les membres du parlement convinrent entre eux de ne guère tenir compte de l'acte dans leurs arrêts et il fallut attendre encore neuf ans pour que le concordat reçût tous ses effets (24 juillet 1527) et que les procès ecclésiastiques fussent traités devant son Grand Conseil.

L'Université, toujours conservatrice, tenta à son tour de résister et proposa la

◁**Médaille commémorative.** De nombreuses médailles furent frappées en l'honneur de la victoire de Marignan, sur lesquelles l'effigie du roi couronné de lauriers et les morceaux de son armure rappellent les triomphes romains de César. Sur une autre médaille, François était nommé « le dompteur des Helvètes ». Musée de la Monnaie.
Phot. Jean Vigne.

réunion d'un concile. Libelles, prédications hostiles, processions se succédèrent, pour implorer que le roi changeât d'avis. Les étudiants manifestèrent et l'agitation gagna les villes de province. Sans se laisser intimider, François Ier interdit les rassemblements et punit les fauteurs de trouble : ouvert à l'humanisme, il n'aimait guère la scolastique de la Sorbonne et des « théologastres ». Fort du soutien du pape, menaçant de retirer à l'Université certains de ses privilèges, il put ramener à la raison ses adversaires, mais ne cessa plus de se méfier du milieu universitaire. Le texte du concordat fut imprimé en 1518.

Sans doute le concordat asservissait-il l'Église de France au pouvoir royal et les nominations de prélats risquaient-elles fort d'obéir à d'autres critères que ceux de la foi et de la piété. Mais quel instrument au service du roi ! Le souverain devenait le maître de l'immense patrimoine de l'Église, une centaine d'évêchés, 527 abbayes, plus d'un millier de prieurés. D'ailleurs, il se hâta de récompenser les bons serviteurs, un frère de Duprat, un frère de Bonnivet en les proposant au pape pour la charge épiscopale. Ainsi l'Église devenait-elle un des plus fidèles soutiens du trône.

Du conflit, l'autorité et le prestige royal sortaient grandis. François Ier venait de se révéler à son pays, non seulement valeureux roi-chevalier, mais également souverain autoritaire dont on devait craindre les colères et respecter la volonté. « César-Auguste » : ainsi l'appelèrent les grands corps. Ce fut une chance pour la France qui allait avoir à affronter un puissant rival, Charles Quint.

◁**Une piété sincère.** Cette tenture, exécutée en 1518, relate la translation à Bruxelles d'une statue de la Vierge. Deux jeunes princes portent la châsse : au léger prognathisme de leur visage, on reconnaît Charles Ier d'Espagne et son frère. Les manifestations de dévotion étaient alors nombreuses et la foi, vive, même chez les princes peu soucieux de morale. Ainsi François Ier n'aurait pas manqué un pèlerinage durant ses voyages, ni une translation de reliques.
Phot. Lauros-Giraudon.

Page suivante :
François Ier. Brave, infatigable, paré des séductions de la jeunesse, le vainqueur de Marignan incarne la Renaissance dont il sut comprendre l'esprit et aimer la magnificence. Tout lui souriait au début de son règne. Fastueux, il étalait un luxe éblouissant, avec une sorte d'arrogance qui suscita bientôt des jalousies. Il sut imposer son autorité au parlement, au clergé, à l'administration, et, au moindre signe de cette main royale et sacrée, ouverte avec confiance, le royaume était prêt à se mobiliser. Musée Condé, Chantilly. ▷
Phot. Jean Vigne.

1519-1524 François Ier face à Charles Quint

Après la victoire de Marignan, une ère de « grande paix et tranquillité » allait-elle s'ouvrir ? On put alors en avoir l'illusion. Le jeune Charles de Habsbourg devenu roi d'Espagne, mais toujours vassal du roi de France en raison de son appartenance à la maison de Bourgogne, avait envoyé à François Ier des compliments pleins de déférence et entre les souverains se dessinait une entente amicale. Le prestige, la puissance du roi français s'imposaient à l'Europe. Ce fut alors que la mort soudaine de l'empereur Maximilien d'Autriche en janvier 1519 précipita les événements en ouvrant la succession à l'Empire. Qui sortirait vainqueur de la compétition, de Charles, petit-fils de Maximilien, ou de François auréolé de toute sa gloire ? Les négociations secrètes, les promesses, le poids de l'or et la menace des armes jouèrent tour à tour leur rôle dans la décision des grands électeurs.

L'élection de Charles Quint devait presque nécessairement entraîner l'ouverture des hostilités, car les motifs de conflits, prolongement de querelles antérieures, ne manquaient pas entre les deux souverains, parmi lesquels la Bourgogne et l'Italie. Devenu suzerain de l'Italie — le Milanais dépendait juridiquement du Saint Empire —, Charles ne pouvait plus accepter les termes du traité de Noyon. De son côté, François ne pouvait pas davantage tolérer la menace d'encerclement que faisait peser sur le royaume la victoire de son rival. Spectateurs de cette joute, le pape Léon X et le roi Henri VIII proclamèrent bien haut leur neutralité, mais, secrètement, ils s'allièrent au plus offrant, Charles : le pape voulait récupérer Parme et Plaisance et le roi d'Angleterre, qui n'avait pas renoncé à la couronne de France donnée à Henri VI par le traité de Troyes, comptait bien profiter du dépècement du royaume. Quant à la Bourgogne, si le roi de France considérait comme définitivement réglée son annexion à la Couronne, il n'en était pas de même pour Charles Quint, qui, comme Maximilien, ne cessa de revendiquer l'héritage de Charles le Téméraire. La reprise du duché de Bourgogne fut un leitmotiv de sa politique comme la reprise du Milanais fut celui de la politique de François.

Les événements extérieurs allaient peser de tout leur poids sur la vie intérieure du royaume, poids financier de la guerre et poids politique également. L'affaire du connétable de Bourbon en fut une conséquence. À l'heure où les grands féodaux devaient faire bloc sous l'autorité royale contre le péril extérieur, l'existence même de ce cousin trop riche et trop puissant apparut comme une faille dans l'unité monarchique et François utilisa tous les moyens à sa disposition pour réduire Bourbon. Son élimination marqua un pas de plus sur le chemin de l'absolutisme.

◁ **François Ier et sa cour.** Entre les guerres, la France offrait le tableau harmonieux d'un pays prospère, dont la vigne, les labours, la pêche, les vergers et potagers constituaient les principales ressources. Les routes étaient sûres et on voyageait par galiote. Le roi exerçait une autorité incontestée aussi bien sur la noblesse que sur les gens de robe, les chevaliers et les prélats, qui formaient autour de lui une cour et obéissaient à son « bon plaisir ». B. N.
Phot. Tallandier.

LE PAYS CONNUT AU LENDEMAIN DE MARIGNAN DES HEURES DE PAIX ET DE PROSPÉRITÉ, à la faveur desquelles se développa le commerce, « les marchands faisant leur train de marchandises ». Le chancelier Duprat se chargea de prendre les mesures administratives et gouvernementales indispensables. Aussi le roi, savourant les fruits de sa victoire, put-il donner libre cours à sa fantaisie, fêtes, chasses et longues randonnées à travers le royaume. Il se mit à visiter les provinces, la Provence, Lyon, la Touraine, Amboise où Claude était enceinte. Chaque « entrée » dans une de ses bonnes villes était célébrée par de somptueuses réjouissances, arcs de triomphe, tableaux vivants, ballets, processions. Selon son humeur, le roi pouvait rester au même endroit trois jours ou trois semaines. Chez son cousin, le connétable de Bourbon, il séjourna une semaine, ce qui lui donna le loisir d'admirer la splendeur du palais de Moulins, où le moindre ustensile était en or. Après un bref séjour à Amboise, où Claude mit au monde le dauphin François, il se rendit avec la reine dans son fief breton, pour s'y faire acclamer.

Les frontières menacées

△ **La dame à l'orgue.** Belles dames et grands seigneurs, dit Brantôme, mettaient leur orgueil à jouer d'un instrument. La musique était de toutes les fêtes, bals ou banquets. Elle inspirait même, lors des veillées, des jeux intitulés les « ventes d'amour », où les joueurs, « l'amant et l'amye », échangaient des questions et des réponses sous forme de couplets et composaient des chansons polyphoniques. Marot fit des poèmes qui furent mis en musique et chantés à la Cour.
Phot. Lauros-Giraudon.

Un éblouissant spectacle. Étourdissants voyages ! Lorsque le roi se déplaçait d'un château à l'autre, une foule l'accompagnait : les officiers de son hôtel, 700 hommes de garde, les gens de bouche, les gentilshommes, les pages, les médecins et barbiers, les chambellans, les écuyers et palefreniers, une multitude de gens de petits métiers, de longues files de chevaux caparaçonnés, des chariots chargés de tapisseries et de vaisselle : la caravane pouvait s'étirer sur des dizaines de kilomètres, car, dès que l'on s'éloignait du Val de Loire et de la région parisienne, les résidences royales se faisaient rares. « Parfois, raconta plus tard Benvenuto Cellini, nous campions dans des endroits où il y avait à peine deux maisons, on dressait alors des baraques en toile à l'instar des gitans. »

On a calculé que, en trente-deux années de règne, en excluant les campagnes d'Italie et la captivité, le roi a séjourné en 728 lieux différents. Cette itinérance, que pratiqua également Charles Quint, n'était pas un simple caprice d'un souverain

Un concert dans la cour d'un château. ▷ Nobles et prélats avaient des musiciens attachés à leur suite, qui jouaient pour les divertir à l'occasion d'un banquet.
Phot. J.-L. Charmet.

La Cour à Blois. C'est à ▷ Blois, le château de son enfance, que vécut la reine Claude et c'est là, en attendant la construction de Chambord, qu'eurent lieu les premières grandes fêtes du règne. Dès 1515, François Ier fit commencer les travaux pour rendre la demeure de Louis XII digne de l'éclat de la nouvelle monarchie. Il habilla la vieille courtine de briques d'un mur de pierre enjolivé de corniches et d'arabesques, et lui accota, dans une tourelle, un merveilleux escalier à vis, ajouré de galeries et de balustrades, où la Cour pouvait parader. Illustration de Robida (1909). © by S.P.A.D.E.M., 1989.
Phot. Giraudon.

△ **Marguerite d'Alençon.** Choyé dès l'enfance par sa mère et sa sœur, François Ier aima toujours les femmes et il voulut que leur présence embellît la cour. Marguerite donna le ton par sa culture, par son goût des arts et son ouverture aux nouveautés. Jusqu'à son remariage avec le roi de Navarre, elle fut presque une deuxième reine de France.
Phot. Marie-Christiane Cauboue.

aimant le tourisme. Le roi se donnait à voir à son peuple. Ses voyages, avec leur déploiement de luxe, étaient à la fois une démonstration de puissance et un moyen d'unification du territoire et de liaison entre les provinces. Entrées et fêtes triomphales ranimaient le zèle des sujets et la fidélité des notables. Le cortège des courtisans, serviteurs du monarque, accentuait la majesté royale.

La vie de cour à laquelle on ne renonçait pas un instant durant ces déplacements participait de la même politique. François sut exploiter l'art de la mise en scène, et ses fêtes brillèrent d'un éclat encore inconnu en France. On s'habilla de velours et de soie, les costumes royaux étaient de drap d'or ou d'argent, semés de pierreries. Les femmes paraient la Cour de leur beauté, car une cour sans femmes eût été « un jardin sans roses ». Le roi, choyé par les femmes et, en tout premier lieu, par sa mère et par sa sœur Marguerite, n'était point avare d'hommages. Séduisant, volage, fastueux, il conquérait les cœurs et ses bonnes fortunes furent innombrables, aussi bien parmi les dames de l'aristocratie que dans la bourgeoisie : ainsi la « Belle Ferronnière » fut-elle sans doute l'épouse d'un avocat au parlement de Paris. Si la plupart de ces passades tournaient court, il eut deux maîtresses en titre durant ses trente-deux années de règne : la première, Françoise de Châteaubriant, âgée de vingt ans lorsqu'il la rencontra en 1518, était douée d'une grande beauté, d'un caractère passionné, parfois même capricieux, et leur liaison fut souvent orageuse ; elle sut user de son crédit pour élever sa famille et recueillir les revenus d'importantes seigneuries, ce qui lui valut des ennemis et, en particulier, l'hostilité de Louise de Savoie, jalouse de son influence. Elle conserva pourtant l'amitié du roi lorsque celui-ci lui préféra une rivale plus jeune, Anne de Pisseleu, future duchesse d'Étampes, et lorsqu'il la renvoya dans son château breton.

Festins, chasses, joutes, bals, rendez-vous galants : la force athlétique de ce jeune homme-roi, son appétit de vie et sa magnificence donnèrent à la cour de France un faste et un éclat qui n'ex-

◁ **L'inconnue rousse,** par Corneille de Lyon. La « maison » du roi ne comptait pas moins de vingt-sept dames. À la recherche de l'aventure et de la nouveauté, François Ier eut de nombreuses liaisons. Musée Condé, Chantilly.
Phot. Jean Vigne.

△ **La Belle Ferronnière.** Le roi courtisa la femme d'un avocat de Paris, Le Ferron, et cette passade donna lieu à la légende de la « belle ferronnière » : le mari, voyant son infortune, se vengea en contractant le « mal de Naples » (la vérole) et en contaminant son royal rival ! Le portrait de Léonard de Vinci représente en fait la maîtresse de Frédéric Sforza. Musée du Louvre.
Phot. G. Nimatallah/Ziolo.

cluaient pourtant pas la bonne humeur et la liberté des conversations. La majesté du Valois n'eut jamais rien de guindé.

Une rivalité d'hommes. Si gâté fût-il par les dons de la nature, François ne fut pas un prince frivole. Certes, il aimait le faste et il pouvait paraître léger et versatile. Mais aussi, que d'habileté et de ruse dans sa politique ! On a souvent dit que seule l'ambition l'avait poussé à avancer cette « folle candidature » à la couronne impériale. En vérité, si la campagne, assez mal conduite, échoua, son dessein était judicieux : contenir l'hégémonie des Habsbourg, maîtres de l'Espagne et des Pays-Bas, et garder pour la France la suprématie en Europe.

D'ailleurs, François Ier ne manquait pas d'atouts. Le pape s'était prononcé officiellement en sa faveur et toute la chrétienté, effrayée par les progrès des Turcs, souhaitait un empereur qui servît de rempart contre l'infidèle. La monarchie française, unie, riche et solide, pouvait jouer ce rôle grâce à sa position stratégique au cœur de l'Europe. De plus, les Electeurs allemands redoutaient la puissance dont serait revêtu, s'il était investi, un Habsbourg déjà roi d'Espagne et archiduc d'Autriche. Enfin, face au vainqueur de Marignan, Charles, âgé de dix-neuf ans, apparaissait comme un jeune homme inexpérimenté et timide, qui n'avait pas encore subi l'épreuve de la guerre. La candidature française était si peu folle que l'archevêque de Trèves, dès 1516, puis le margrave de Brandebourg, en 1517, et l'archevêque de

△ **Françoise de Châteaubriant.** Elle avait à peine vingt ans lorsqu'elle connut le roi. Elle régna dix ans sur son cœur. Leur passion fut orageuse. Musée Condé, Chantilly.
Phot. Lauros-Giraudon.

Le château de Châteaubriant. ▷ La maîtresse royale usa de son crédit en faveur de ses frères, et on la rendit responsable de leurs échecs. Le roi, épris de la jeune et belle Anne de Pisseleu, la renvoya à son château breton.
Phot. Claude Rives - C. E. D. R. I.

Mayence vinrent trouver François pour le prier de se déclarer. Il fallut toute l'énergie de Maximilien encore vivant pour conjurer la menace en convoquant la diète d'Augsbourg, afin d'y nommer Charles roi des Romains. L'affaire échoua devant l'opposition du pape et, sur ces entrefaites, Maximilien mourut.

Il est difficile d'imaginer des hommes aussi opposés que François et Charles Quint, même si l'un et l'autre participèrent à leur manière à l'esprit de leur siècle et si l'ambition les anima également. Le premier était un impulsif, capable de soudaines et remarquables inspirations mais aussi d'hésitations, et souvent versatile. Il eut une enfance adulée qui lui donna envers et contre tout cette confiance dans la vie qu'il garda jusqu'au fond de sa captivité. « Brillant enfant gâté », disait de lui Guizot. « Une sorte de fol », écrivit plus méchamment Michelet. En fait, il fut « souverain dans l'âme ». L'administration ennuyeuse et quotidienne, souvent impopulaire, il la confia à de remarquables politiciens comme Duprat. Il se réserva les grandes tâches d'unification, matant les séditions et dénouant, dans une perspective nationale, les conflits de l'État. Dès 1515, on lui reconnaissait « une gravité et une grandeur que nul prince ne saurait surpasser ni égaler ».

Charles fut un enfant nerveux et frêle, très pieux, qui, dès l'âge de six ans, participait aux Pays-Bas aux cérémonies officielles, conscient de son rôle et de sa dignité. Élevé par des maîtres austères, dans un climat ascétique, formé au métier des armes par Charles de Lannoy, le futur vainqueur de Pavie, il grandit sans tendresse et s'habitua aux grands devoirs de sa tâche. Ainsi, d'ailleurs, conçut-il en 1519 la dignité impériale : il se vit l'héritier de Charlemagne et l'unificateur de l'Europe, tandis que François jouait la carte de la politique française avec réalisme, pressentant l'importance de l'idée nationale. De plus, la compétition entre les deux souverains se doublait d'une rivalité personnelle où chacun défendait son honneur et sa gloire.

△ **François Ier** chassant dans la forêt de Saint-Germain. La chasse fut pour le roi une vraie passion, et Guillaume Budé écrivit pour lui un traité de vénerie. B. N.
Phot. B. N.

La victoire de Charles. Les chances de François n'étaient donc pas minces. Il envoya en Allemagne un réseau serré d'informateurs et de délégués sous le commandement de Bonnivet et de Jean d'Albret, auxquels il adressait régulièrement ses instructions. La campagne porta ses fruits. Sur les sept grands Électeurs — les archevêques de Mayence, de

◁ **Francois Ier à cheval.** En costume de parade, le sceptre à la main, ainsi se montrait le roi à ses sujets durant ses tournées à travers le royaume. Sa majesté impressionnait les foules et son prestige l'emportait de beaucoup sur celui de son rival, Charles, candidat à la couronne impériale. Comment le vainqueur de Marignan, souverain d'un florissant royaume, n'aurait-il pas brigué cette couronne, que certains envoyés d'Allemagne lui proposaient ? Peinture de Clouet. Florence, galerie des Offices.
Phot. Scala.

Cologne et de Trèves, le comte palatin de Bavière, le margrave de Brandebourg, le duc de Saxe et le roi de Bohême —, François pouvait compter en février 1519 trois voix acquises à sa cause, celles des trois archevêques, et peut-être quatre avec celle du comte palatin. Des cadeaux magnifiques — 120 000 florins pour l'archevêque de Mayence —, des promesses d'avancement ou de pensions étaient destinées à entretenir les bonnes résolutions. Cependant, Charles, prudent, tenace, n'était pas homme à abandonner la partie. Il fit dire que l'absolutisme du roi de France menaçait l'indépendance des populations germaniques et il profita des bévues que fit son adversaire, lequel, sous la pression de sa mère qui assouvissait des règlements de comptes, se mettait à dos de grands seigneurs allemands, Robert de La Marck et Franz de Sickingen. Contre François travaillait également le cardinal de Sion, toujours francophobe, et le pape lui-même commençait à faire marche arrière. Enfin, le plus persuasif des arguments, l'or, joua un rôle décisif. En quelques mois Charles consacra 850 000 florins à retourner les

◁ **L'empereur Maximilien et sa famille.** Maximilien fut le vrai fondateur de la puissance impériale, moins par les guerres que par ses alliances matrimoniales : sa femme, Marie de Bourgogne, lui apporta le fief immense des ducs de Bourgogne et, en mariant son fils, Philippe le Beau, à la fille des Rois catholiques, il unissait l'Autriche à l'Espagne. La montée de la puissance française lui donna de graves inquiétudes à la fin de sa vie. Madrid, Académie royale San Fernando.
Phot. Salmer.

△ **Charles Quint vers 1520.** Il hérita du « menton en galoche » des Habsbourg. Souverain des Pays-Bas à six ans, en 1506, il reçut, en 1516, la couronne d'Espagne, où il n'imposa pas sans difficulté son autorité. Sa langue maternelle était le français, et il eut toujours du mal à parler l'allemand et le castillan. Il rêva de récupérer la Bourgogne et de l'unir à l'Espagne et à l'Empire. Peinture de Bernard Van Orley.
Phot. Nimatallah.

consciences. L'archevêque de Mayence vendit six fois sa voix ! Ces sommes fabuleuses étaient fournies par les banquiers allemands d'Augsbourg, les Fugger et les Welser, face auxquels le trésor français, même alimenté par les financiers de France et d'Italie, ne fit pas le poids.

La campagne fut acharnée. L'arrivée de l'armée souabe, sous le commandement de Sickingen, aux environs de Francfort leva les dernières hésitations. La diète se réunit le 18 juin. On écouta la messe du Saint-Esprit qui devait éclairer les consciences ; les débats durèrent dix jours. Seul l'archevêque de Trèves,

△ **Le cardinal Albert de Brandebourg,** par Cranach. Archevêque de Mayence, il était un des sept grands Électeurs et il reçut beaucoup d'or pour voter pour le Habsbourg plutôt que pour François Ier. Bien que la couronne fût élective et non héréditaire, Charles avait pour lui l'avantage de descendre de Maximilien, et donc de se montrer meilleur garant des libertés allemandes.
Phot. Archiv für Kunst und Geschichte, Berlin.

fidèle à sa parole, plaida la cause du roi de France. Le 28 juin, la diète proclama à Francfort Charles d'Autriche roi des Romains et empereur. François Ier apprit la nouvelle à Poissy et il en eut grande

◁ **Frédéric III le Sage,** par Cranach. Électeur de Saxe, partisan déclaré de Charles, il fut sans doute le plus intègre des Électeurs. On lui proposa même d'être candidat ! Ce fut lui qui fonda, en 1502, l'université de Wittenberg, et il protégea Luther, sans partager toutefois toutes ses croyances.
Phot. Archiv für Kunst und Geschichte, Berlin.

△ **Jacob Fugger.** Riches banquiers, les Fugger rendirent de notables services à Maximilien. Jacob accrut sa fortune en commerçant avec le Levant et en exploitant les mines du Tyrol et de Carinthie. Il soutint la candidature de Charles en lui ouvrant grands ses coffres.
Phot. Rapho.

◁ **Embarquement du roi Henri VIII d'Angleterre** sur son vaisseau, *Henry grâce de Dieu.* Armé de 122 canons, somptueusement pavoisé de banderoles d'or, les voiles elles-mêmes de drap d'or, le vaisseau arriva à Calais le 1er juin 1520.
Phot. Lauros-Giraudon.

« mélancolye », mais il envoya ses félicitations à son heureux rival, qui se faisait accueillir de ville en ville par des populations enthousiastes. Le 22 octobre 1520, dans la cathédrale d'Aix-la-Chapelle, après un éclatant *Te Deum,* Charles prêta serment et, le lendemain, il fut couronné. Le même jour, de l'autre côté de la Méditerranée, Soliman le Magnifique montait sur le trône.

L'avènement de Charles Quint modifiait le rapport des forces, puisque, désormais, le nouvel empereur détenait

Le Camp du Drap d'or. ▷ Le roi d'Angleterre, suivi d'une escorte de quelque 4 000 personnes et 3 000 chevaux, fit son entrée au château de Guînes. Des dizaines de tentes et de pavillons furent apportées toutes construites d'Angleterre. Sa maison, tapissée d'or, « charpentée en l'Isle », s'ouvrait par une porte encadrée de grands piliers dorés et surpassait en splendeur la tente du roi François, montée à proximité de la ville d'Ardres, esquissée à l'arrière-plan du tableau. À mi-chemin entre les deux villes, sur une hauteur, furent aménagées les lices bordées de galeries. Les deux rois se rencontrèrent le 7 juin à égale distance des deux camps, dans un vallon où Henri fit installer un pavillon spécial, recouvert de drap d'or. Musée du château de Versailles.
Phot. Jean Vigne.

les deux tiers de l'Europe. Aussi François Ier, cherchant une parade, tenta-t-il de regrouper ses alliés. Il crut pouvoir compter sur Léon X et, déjà, il envisageait de conquérir le Napolitain. En fait, le pape avait secrètement choisi le camp du vainqueur, qui lui promettait de lui faire restituer Parme et Plaisance et s'engageait à libérer l'Italie de la présence française. Mais le « malentendu » dura des mois, et, pas un instant, dans sa candeur, François ne soupçonna la duplicité du souverain pontife. Avec l'Angleterre, il devait en aller de même : son faste éveilla les jalousies.

Le Camp du Drap d'or. De Henri VIII, François Ier ne se méfiait nullement. Les deux rois avaient fiancé leurs enfants au cours du traité de Londres en mars 1518 et Henri avait même juré de se laisser pousser la barbe en signe d'amitié jusqu'à leur prochaine rencontre. Que le roi anglais se rasât la barbe à nouveau n'inquiéta pas le roi de France, et pas davantage qu'il eût rencontré le nouvel empereur Charles Quint, sans que d'ailleurs fût conclu aucun engagement. François, pour resserrer les liens, proposa à Henri une nouvelle entrevue, et rendez-vous fut pris au début de juin 1520 sur le territoire français, près de Calais, entre Guînes et Ardres.

Les somptueuses broderies d'or qui parèrent les tentures des pavillons donnèrent leur nom au Camp du Drap d'or. Jamais un tel luxe n'avait entouré rencontre royale, comme si chacun avait à cœur d'éblouir, et donc de convaincre,

l'autre. Les Anglais échafaudèrent une maison de bois et de verre fabriquée à Londres et se composant de quatre vastes corps de logis et de huit grandes salles. Les murs intérieurs étaient recouverts de velours et de soie, de tapisseries d'Arras et de toiles peintes. Une allée de verdure la reliait au château de Guînes, où couchait le souverain. Pour le roi de France, on dressa trois cents tentes, dont les plus belles étaient couvertes de drap d'or frisé, doublé de velours bleu semé de fleurs de lys, et les autres ornées de devises et de pommes d'or. Celle de François, composée de quatre pavillons, était surmontée d'une statue de bois représentant saint Michel terrassant le dragon, de six pieds de haut. Jean Bourdichon avait dessiné les tentes.

Le roi d'Angleterre « merveilleusement accoutré » avait amené avec lui la reine Catherine d'Aragon et son Premier ministre, Wolsey. Son cortège se composait de ducs, de comtes, de barons et de chevaliers, de gardes et d'archers, en tout 4 000 personnes. Le roi de France s'était fait accompagner par sa mère et son épouse, par le chancelier Duprat, par Bonnivet et le connétable Charles de Bourbon. Du 1er au 7 juin, il y eut entre les deux camps beaucoup d'allées et venues, les messagers devant régler le protocole et la sécurité de la première rencontre. Au jour de la Fête-Dieu, François, vêtu de drap d'or semé de pierres précieuses, et Henri, habillé de drap d'argent, se donnèrent l'accolade « tout

◁ **Franz de Sickingen.** François Ier se mit à dos ce chef de mercenaires très populaire chez les Allemands, qui offrit alors ses services à Charles, dont il appuya l'élection en campant avec ses troupes à proximité de Francfort. Il embrassa le parti de Luther et attaqua en 1522 l'archevêque de Trèves.
Phot. Bildarchiv Preussischer Kulturbesitz.

◁ **20 000 Souabes,** conduits par Sickingen, approchent de Francfort.

Phot. Bildarchiv Preussischer Kulturbesitz.

à cheval » et « se firent merveilleux visage ».

Le roi de France ne ménagea pas ses efforts pour plaire à son voisin. Pendant huit jours, on festoya. Il y eut des joutes et des tournois, des bals, des échanges de cadeaux. Mais, derrière ces festivités, combien de vigilance et même de méfiance ! Lorsque le roi d'Angleterre alla dîner chez la reine Claude, François dut se présenter chez la reine Catherine d'Aragon pour tenir la part égale et au besoin se servir mutuellement d'otage. Le jour où François décida de se rendre, sans cortège, avec quelques gentilshommes jusqu'au château de Guînes pour surprendre à son réveil son royal cousin, Henri décida aussitôt d'arriver à l'improviste à Ardres pour lui retourner la politesse. Les deux rois s'observaient, s'épiaient, rendant visite pour visite, parade pour parade, sans que jamais se dégageât un quelconque avantage.

Durant ces fêtes, les négociations n'avançaient guère. Il y eut bien une entrevue entre Wolsey et Bonnivet. On renouvela les fiançailles des enfants royaux et François porta à 100 000 francs-or la pension qu'il verserait chaque année à Henri jusqu'au mariage. On s'appela « cher frère » avec des protestations d'amitié. Mais d'engagement précis, point. Et, lorsque le 24 juin, après avoir assisté à une messe solennelle, les deux souverains se quittèrent, François ne pouvait compter que sur de bonnes paroles et un banal traité qui n'ajoutait rien aux accords précédents.

△ **La diète de Worms en 1521.** Charles Quint y convoqua Luther pour qu'il répondît de ses doctrines. Luther comparut courageusement, refusa de se rétracter et fut mis au ban de l'Empire et la destruction de ses ouvrages fut ordonnée.

Phot. Archiv. für Kunst und Geschichte, Berlin.

Quelques jours plus tard, Henri VIII rencontra Charles Quint à Gravelines. La simplicité de l'empereur fit plus que l'ostentation du Valois. Wolsey poussait de toutes ses forces à l'alliance avec Charles, dans l'espoir que celui-ci appuierait les revendications anglaises sur la couronne de France. Dès juillet, Henri VIII avait changé de camp, sans que François, toujours confiant, se doutât un instant de la défection de son allié de la veille.

Les frontières menacées. À la fin de l'année 1520, Charles Quint n'était pas encore tout à fait prêt pour se lancer dans l'aventure de la guerre. Il préparait la diète de Worms (27 janvier 1521), chargée de déterminer les droits du Conseil de régence qui exercerait le pouvoir en Allemagne en son absence, et il commença à lever des troupes. Les premiers affrontements eurent lieu « par personnes interposées », en Navarre et aux frontières du Nord.

À la frontière des Pyrénées, André de Foix, seigneur de Lesparre, frère de Françoise de Châteaubriant, reconquit la Navarre sans aucune difficulté, car les troupes espagnoles étaient alors engagées en Castille contre des cités révoltées contre le roi, et, en moins de quinze jours, Henri d'Albret retrouva son fief. Beau succès malheureusement provisoire. Car, au lieu de s'en tenir là, le fougueux capitaine voulut pousser jusqu'en Castille, où l'infanterie espagnole l'obligea à la retraite et, dans une déroute générale, le chassa même de Navarre. Sur le second champ de bataille, au nord, les Français commencèrent également par prendre l'avantage grâce aux puissantes troupes de Robert de La Marck qui, réconcilié avec François, venait de prendre le Luxembourg. Mais, là encore, on ne sut pas profiter de la victoire et on perdit un temps précieux, que Wolsey mit à profit pour traiter avec Charles. La contre-attaque impériale fut brutale ; le lieutenant général de Charles, Henri de Nassau, ouvrit une brèche dans la frontière française et assiégea Mézières qui, malgré le courage de Bayard, ne put résister longtemps. En octobre 1521, les deux armées ennemies se retrouvèrent face à face près de Valenciennes, séparées par l'Escaut. François avait l'avantage du nombre. L'occasion était donc là, à portée de main, de détruire l'armée impériale, et peut-être même de faire prisonnier Charles Quint. Pourtant, le roi ne se décida pas à passer à l'action ; la brume lui cachait les troupes adverses, qu'il croyait plus nombreuses, et les Impériaux eurent le temps de se retirer sans dommage...

En Italie, les affaires de la France n'étaient guère plus brillantes, gâchées par des erreurs tactiques. Dès 1517, Francois avait relevé le connétable de Bourbon de son poste en Milanais et y avait nommé à sa place un frère de sa maîtresse, Odet de Foix, vicomte de Lautrec. L'homme, brutal, se mit à dos les populations. Son successeur, Lescun, ne fut pas mieux choisi en 1521, et

La prise de Parme en ▷ 1521. Les premières hostilités contre Charles Quint ne furent pas à l'avantage des Français. En Italie, les forces unies du pape, de l'empereur et du marquis de Mantoue, sous les ordres de Colonna, pénétrèrent en Lombardie et investirent Parme tenue par Lescun. Celui-ci n'avait que 6 000 hommes, non soldés depuis un mois. La situation se renversa pourtant en septembre et Lescun reprit Parme. Peinture du Tintoret. Pinacothèque de Munich.
Phot. Joachim Blauel-Artothek.

△ Lesparre et Lescun. Avec Lautrec, ils étaient les frères de Françoise de Châteaubriant, à l'intervention de laquelle ils durent leur carrière, plutôt qu'à leurs ▷ mérites. Musée Condé, Chantilly.
Phot. Giraudon.

ses injustices provoquèrent des insurrections en plusieurs villes. Léon X, qui avait changé de camp, en prit prétexte pour envahir le Milanais, et les troupes de Lautrec, malgré des renforts venus de Venise, ne purent que se débander sous le choc d'une puissante coalition qui comprenait des soldats pontificaux et espagnols. La mort de Léon X suspendit provisoirement les conflits, car son successeur, Adrien VI, choisit la neutralité. Mais François voulut profiter de ce répit pour reconquérir le terrain perdu et il mit à nouveau le médiocre Lautrec à la tête de son armée. Choix détestable. Tout se conjuguait contre les Français : l'hostilité des populations, l'absence de stratégie, le manque d'argent (les Suisses se plaignaient de ne pas avoir été payés). Au lieu-dit « La Bicoque », l'armée de Lautrec se fit écraser le 29 avril 1522. La France perdait ses dernières villes en Milanais, et son prestige était si compromis que Venise, pourtant son alliée traditionnelle, se joignit à la coalition menée par Charles Quint et Henri VIII. Le royaume était menacé sur toutes ses frontières et déjà ses ennemis se partageaient les dépouilles. Le pape rallia à son tour Charles Quint.

Pourtant François, qui avait contre lui la presque totalité de l'Europe, répliquait crânement à un gentilhomme espagnol : « Je ferai face à toute l'Europe. Je ne crains point l'empereur, il n'a pas d'argent ; ni le roi d'Angleterre, ma frontière de Picardie est bien fortifiée ; ni les Flamands, ce sont de mauvaises troupes. Pour l'Italie, c'est mon affaire et je m'en

charge moi-même ! » En même temps, il envoyait Bonnivet et Montmorency à travers les Alpes, à la tête de 12 000 Suisses. C'est alors que lui parvint la nouvelle de la trahison de Bourbon.

L'affaire du connétable de Bourbon. François n'avait jamais aimé ce prestigieux cousin, valeureux militaire, héritier, par sa femme Suzanne de Bourbon, d'un immense domaine au cœur de la France, et dont la puissance était à elle seule une menace contre le royaume en voie d'unification. Jaloux de son luxe ostentatoire, inquiet de son ambition, méfiant, François avait infligé de graves vexations au connétable en lui enlevant le Milanais (1516), en lui supprimant ses pensions, en lui refusant le commandement de l'avant-garde de l'armée (1521), mesures qui revenaient à priver Bourbon de l'espoir de déployer ses talents.

Les rancœurs s'accumulaient donc lorsque éclata l'affaire de l'héritage. Suzanne de Bourbon mourut en 1521 sans laisser d'enfant et, en 1522, la reine Louise, cousine germaine de la défunte, se mit en tête de revendiquer sa succession sous le prétexte que le testament qu'elle laissait était sans valeur et que les biens en apanage (duché d'Auvergne, comté de Montpensier) et certains fiefs ou seigneuries (Bourbonnais) devaient revenir au roi. Si l'argumentation de Louise ne tenait pas du point de vue juridique, du point de vue politique la raison d'État pouvait justifier une partie de ses prétentions. L'affaire fut portée devant le parlement. Les avocats plaidèrent avec éloquence — ceux du roi « étendant habilement la courroie des textes » — et, comme le parlement réclamait un supplément d'enquête, François ordonna que les biens fussent mis sous séquestre. « Naguères on eût abattu Charles à coup d'épée, aujourd'hui on le faisait trébucher dans les traquenards du palais. »

Poussé à bout par ce déni de justice et les agissements de Louise, Bourbon se

◁ **Montluçon.** Les domaines de la maison de Bourbon, dont Moulins était la capitale, comprenaient une multitude de fiefs, comtés et duchés, constituant un État dans l'État.
Phot. Frideril-Explorer.

Le connétable de Bourbon. Militaire prestigieux, détenteur d'immenses domaines, Charles avait le pas sur tous les princes du sang, sauf sur le duc d'Alençon. C'est cette puissance que le roi voulut briser. Il commença par des brimades et des vexations ; puis, poussé par Louise, dont les mobiles furent complexes, il s'attaqua à ses biens. B. N. ▷
Phot. Marie-Christiane Cauboue.

chercha de puissants alliés. Le 11 juillet 1523, il rencontra des émissaires de Charles Quint et de Henri VIII, qui s'étaient mis d'accord pour envahir la France, l'un par le sud et l'autre par le nord. Charles Quint espérait que l'alliance du connétable entraînerait la défection d'autres grands et le soulèvement du pays. Il lui promettait la Provence et la Champagne et s'adjugeait la Bourgogne. François, qui préparait alors une nouvelle expédition transalpine, fut averti secrètement et, pour vérifier cette histoire incroyable, il se rendit en personne à Moulins, chez Bourbon. Le connétable joua le malade et protesta de sa fidélité. Le roi fit mine de le croire, lui donna de bonnes paroles sur l'issue du procès et repartit. À peine eut-il le dos tourné que le « malade » sauta sur son cheval et gagna la place forte de Chantelle. Puis, apprenant que les gendarmes royaux s'y rendaient, il rejoignit, à la faveur d'un déguisement, le Dauphiné où les lansquenets allemands qu'il avait levés devaient se regrouper. Pendant ce temps, l'armée anglaise débarquait à Calais et les Espagnols franchissaient la frontière du Sud.

Au cours de l'été 1523, la situation de la France apparaissait donc catastrophique. Outre les troupes ennemies aux frontières, on pouvait craindre le soulèvement des grands qui jugeaient avec sévérité la spoliation du connétable. L'avant-garde anglaise se montrait déjà à Compiègne et plus rien ne protégeait Paris. Dans le Sud, Charles Quint attaquait Fontarabie. François lui-même, posté à Lyon, avait presque toutes ses forces en Italie, où Bonnivet, après quelques succès, dut bientôt reculer devant des forces supérieures. Pourtant, les hésitations de l'ennemi, son inaction sauvèrent la France. Les armées anglo-flamandes, faute d'avoir été payées, refusèrent d'avancer et n'exploitèrent pas leur victoire. Charles Quint s'arrêta quelque temps de son côté au Béarn, sans vouloir rien entreprendre dans le Languedoc.

En revanche, le connétable de Bourbon, devenu lieutenant général de l'empereur, harcelait Charles Quint pour qu'il s'entendît avec Henri VIII et qu'ils en finissent avec le roi de France. En juillet 1524, il décida d'occuper la Provence afin de faire sa jonction avec les Espagnols et, de là, marcher sur Lyon. Mais, à Marseille, le gouverneur, suivi de toute la population, horrifié par la trahison du connétable, refusa de pactiser et organisa courageusement sa défense en complétant les travaux de fortification et en alignant arquebuses et canons. Bourbon, pris en tenaille par les Marseillais et les troupes de François venues en renfort, fut obligé de s'enfuir et de repasser les Alpes. La France était provisoirement sauvée. La défaite du connétable, le sursaut patriotique de la Provence marquaient l'échec de la vieille féodalité face au pouvoir monarchique.

◁ **Henri VIII.** Doué, raffiné, parlant plusieurs langues, il aspirait à jouer un rôle important dans la politique européenne. Jaloux de François Ier et poussé par son ministre Wolsey, il inclina vers Charles Quint, espérant retirer du conflit argent et terres, mais veillant à ce qu'aucun des adversaires ne l'emportât définitivement. Peinture de Holbein le Jeune. Galerie nationale d'Art ancien, Rome.
Phot. Giraudon.

△ **Le siège de Marseille.** La population se mobilisa contre Bourbon : les femmes elles-mêmes creusèrent des tranchées, et on donna à ces travaux le nom de « tranchées des Dames », dont le boulevard des Dames rappelle le souvenir. Illustration de Robida (1909). © by S. P. A. D. E. M., 1986.
Phot. J.-L. Charmet.

Charles Quint, par Titien. ▷ De stature moyenne, le menton recouvert de barbe, la lèvre pendante, l'empereur était un homme nerveux, renfermé, calculateur, ambitieux. Il ne s'imposa jamais tout à fait en Espagne et il resta un étranger en Allemagne, où l'explosion de la Réforme se heurtait à ses convictions catholiques et où les princes germaniques, gagnés à Luther, jugèrent qu'il ne tenait pas ses promesses libérales. L'héritage bourguignon, auquel il tenait fortement, fut le principal enjeu de ses guerres contre la France. Sans doute régnat-il sur un empire « où le soleil ne se couchait pas », mais l'immensité et la diversité de ses possessions constituaient une cause de faiblesse, dont sut profiter François Ier. Madrid, le Prado.
Phot. Scala.

1525 Le désastre de Pavie

En repassant les Alpes en 1525, dans l'espoir de reprendre le Milanais, François Ier brûlait de faire un coup d'éclat et de renouveler l'exploit de 1515. Pavie eût pu être un second Marignan, à la faveur de quoi il aurait, comme en 1515, conquis les moyens d'une politique autoritaire face au parlement et à l'Université, et imposé les réformes indispensables.

Mais Pavie ne fut pas Marignan. La bataille se solda par un désastre où « tout fut perdu fors l'honneur ». La noblesse de France fut décimée et le roi fait prisonnier : heures sombres pour le royaume livré à ses ennemis à l'extérieur et où, à l'intérieur, pouvait bien éclater une guerre civile. Sous la régence de Madame, tous les mécontents se redressèrent, le parlement, soucieux de retrouver une part de son pouvoir et de se débarrasser de Duprat, la Sorbonne, qui avait sévèrement critiqué les positions du roi en faveur des mouvements humanistes et qui réclamait des sanctions contre les partisans des thèses luthériennes. De plus, l'argent manquait tragiquement dans les caisses, le peuple était écrasé d'impôts et l'on entendit même des cris : « Vive Bourbon ! »

Et, pourtant, au plus fort de cette crise, un sursaut national tendit les énergies. Les exigences de Charles Quint, prêt à dépecer le royaume, loin de démoraliser le pays, en regroupèrent les forces vives et renforcèrent leur loyalisme. Le vainqueur, porté par sa passion et obnubilé depuis son avènement par la question bourguignonne, n'avait pas su proposer une paix acceptable, tandis que le vaincu, en refusant d'exécuter les clauses d'un traité arraché par la force à Madrid, recueillait en France, et même à l'étranger, approbation ou indulgence. Par une sorte de retour de balancier, l'Europe commençait à s'inquiéter de cette « monarchie universelle » qu'exerçait alors Charles Quint. De nouveau, le pape Clément VII fit valoir que la chrétienté ainsi divisée et affaiblie offrait aux Turcs un champ vulnérable. Ainsi, au moment où l'empereur pouvait se croire le maître, il se retrouvait brusquement en face d'une « sainte ligue » nouée entre le Saint-Siège, Venise et la France, destinée certes, en premier lieu, à combattre l'Infidèle, mais qui soutenait en sous-main François dans son refus de donner suite au traité de Madrid. S'il acceptait d'entrer dans la ligue, Charles entérinait des dispositions prises en dehors de lui, mais, s'il refusait, c'était lui qui troublait la paix européenne ! Ainsi la bataille de Pavie se soldait-elle pour la France — abstraction faite des pertes humaines —, à l'intérieur, par une reprise en main de l'autorité royale et, à l'extérieur, par un renversement des alliances. François profita de la situation pour mettre au pas les oligarchies financières desquelles dépendait le sort de la guerre et pour contenir les déferlements d'hostilité contre les tenants des idées religieuses nouvelles.

◁**La bataille de Pavie.** Ce qui n'aurait dû être qu'une escarmouche tourna à la sanglante défaite, au cours de laquelle périt la fine fleur de l'aristocratie française et le roi fut capturé. Depuis vingt-deux jours, les deux armées étaient en présence. Alors que les Impériaux ne songeaient nullement à engager un conflit, mais seulement à apporter des renforts aux assiégés, les Français aspiraient à faire « une noble guerre », « à belles enseignes découvertes ». Musée de Capodimonte, Naples.
Phot. Scala.

RUINEUSES GUERRES ! ON AURAIT PU ESPÉRER EN AOÛT 1524 que, après avoir sauvé sa couronne et son royaume, François Ier se serait fixé la tâche de reconstruire ses défenses et de panser les plaies. Bayard était mort et, en même temps que lui, de vaillants capitaines. Les impôts avaient saigné le pays. Il avait fallu augmenter la taille, réclamer des contributions exceptionnelles pour remettre debout les places fortes et emprunter aux villes — on estime à quatorze millions de livres les sommes affectées à la guerre entre 1515 et 1522. La reine Louise était opposée à toute nouvelle campagne italienne et les meilleurs des chefs, en voyant la mauvaise saison arriver, jugeaient dangereuse une expédition. Malgré ces avis, malgré la mort de la douce reine Claude, épuisée par ses grossesses, François traversa les Alpes dans les premiers jours d'octobre 1524 et déboucha en Piémont : en face de lui, il trouva des troupes adverses fatiguées et il entra sans grande difficulté dans Milan, qu'une épidémie de peste avait beaucoup affaiblie. C'était la première étape de la reconquête.

Un accrochage qui tourne au désastre. Outre Milan, deux villes tenaient le Milanais : Lodi, défendue par quelques garnisons seulement, et Pavie, entourée de puissantes murailles, où s'était retranché le gros de la troupe impériale, 6 000 hommes environ. François Ier, conseillé par Bonnivet, choisit d'attaquer d'abord Pavie, en espérant qu'une victoire éclatante lui livrerait

François Ier prisonnier de Charles Quint

△**Claude de France.** Modeste et pieuse, la reine avait un visage agréable, mais elle était affligée « d'étrange corpulence » et boitait. Elle mourut à vingt-cinq ans, après avoir mis au monde sept enfants. Le peuple, qui l'aimait, la vénéra après sa mort comme une sainte.
Phot. R. M. N.

Lansquenet allemand.▷ Plus de dix mille à Pavie, ils furent commandés par un remarquable chef de guerre, Frundsberg, qui les entraîna à résister aux Suisses en faisant appel à leur orgueil national. L'armée impériale comptait vingt-cinq mille hommes ; l'armée française lui était numériquement un peu inférieure. Bibliothèque du musée de l'Armée, Paris.
Phot. Larousse.

△ **Vue de Pavie.** Les Français cherchèrent à plusieurs reprises à investir Pavie. L'Espagnol Antonio de Leyva, qui commandait la garnison de la ville, repoussa les attaques, mais bientôt il manqua de vivres, de poudre et d'argent pour payer ses soldats, de sorte qu'il devenait urgent pour les assiégés de recevoir des renforts des Impériaux. François, campant sous les murs de Pavie, était placé entre la ville et l'armée de secours. Peinture de Lanzani. Église Saint-Théodore, Pavie.
Phot. Scala.

l'ensemble du pays. Le choix pouvait se justifier, étant donné la supériorité des troupes françaises, que venaient de rejoindre 5 000 fantassins des Grisons et 3 000 mercenaires envoyés par Jean de Médicis : en tout 30 000 hommes. Pavie aurait pu devenir une nouvelle victoire de Marignan si le roi n'avait commis plusieurs fautes successives que l'adversaire exploita aussitôt.

Pavie, défendue par un rude soldat espagnol, Antonio de Leyva, était trop solidement fortifiée pour qu'une attaque par la force en vînt à bout : le 6 novembre, une première tentative échoua. On chercha à détourner au sud un bras du Tessin, mais les pluies torrentielles et les crues emportèrent les travaux. On décida alors de l'affamer et d'attendre la reddition des assiégés. Les troupes françaises s'étalèrent en arc de cercle, bloquant les issues, et bientôt on commença à l'intérieur à manquer de tout. François Ier était alors si sûr de sa victoire qu'il commit sa première faute en détachant de son camp un corps de 10 000 hommes pour se rendre à Naples et conquérir le Napolitain. Par cette mesure, il espérait faire diversion et, expliqua-t-il plus tard, éloigner de Pavie les troupes de Charles Quint. Quelques semaines plus tard, ce furent les 5 000 Suisses des Grisons qui firent retraite pour défendre leur canton que les Impériaux menaçaient après

Les positions françaises ▷ à Pavie. L'engagement eut lieu par une nuit d'hiver, et les brouillards opaques au-dessus des bras du Tessin cachaient toute la visibilité. Les Français étaient retranchés dans le parc de Mirabello, bordé au sud par les remparts de Pavie et ceint par un mur de briques de 15 kilomètres. Au petit matin, les Impériaux pénétrèrent dans le parc avec trois mille hommes commandés par del Vasto, afin de faire une jonction avec les assiégés. Del Vasto parvint à son but et les Impériaux à sa suite s'engouffrèrent par la brèche. Alertés, les Français chargèrent sur leur flanc et les décimèrent, les obligeant à refluer vers l'est, où les canons les cueillirent. L'engagement tournait à l'avantage français. Peinture de l'école de Patinir, Kunsthistorisches Museum, Vienne.
Phot. Erwin Meyer.

avoir investi la forteresse de Chiavenna. C'en était fait de la supériorité numérique.

Le temps ne travaillait pas en faveur des Français. Tandis que le siège s'éternisait, une armée de secours ennemie de 30 000 hommes s'était formée à Lodi et marchait vers le nord-est de Pavie sous le commandement de redoutables capitaines, le marquis de Pescara, le vice-roi de Naples Charles de Lannoy et le connétable de Bourbon. Ils avaient pour objectif de faire une percée à travers les rangs ennemis et d'envoyer un renfort de 3 000 hommes à l'intérieur de la citadelle assiégée. À 10 heures du soir, dans la nuit du 23 au 24 février 1525, les Impériaux s'avancèrent vers les fortifications et toute la nuit ils attaquèrent la muraille. Enfin, à 6 heures du matin, ils parvinrent à pénétrer par une brèche dans le parc du château de Mirabello, qui commandait l'accès à la forteresse. Le bruit qu'ils firent réveilla les Français, mais la brume empêcha ceux-ci de mesurer la situation. Aussitôt qu'il fit clair, le capitaine français Fleuranges commanda l'attaque et parvint à refouler l'ennemi vers l'est du parc où une vingtaine de canons n'eurent plus qu'à le cueillir sous leur feu. Canonnés à l'est, les Impériaux furent contraints de rebrousser chemin et de refluer vers la citadelle pour y trouver refuge. Les Français avaient donc gagné.

Sur ce, impatient d'agir, au lieu de laisser finir la besogne par l'artillerie, François voulut se lancer à son tour à l'attaque avec sa cavalerie lourde, puis avec son infanterie, et il commença par mettre en pièces les lansquenets. L'intervention, pleine de panache, rappelait Marignan : mais, hélas, elle gêna les canons qui durent cesser de tirer et elle provoqua un brusque sursaut de l'adversaire qui, au lieu de continuer à se débander, profita du bref répit pour se regrouper. Au même moment, Pescara ordonna à ses arquebusiers d'attaquer par le flanc la cavalerie française et ce qui ne devait être qu'un accrochage tourna en grosse bataille et s'acheva sur un désastre. Rapides, beaucoup plus mobiles à pied que leurs adversaires à cheval, les arquebusiers n'eurent pas de mal à immobiliser sous leurs coups meurtriers les cavaliers qui s'enlisaient dans un terrain lourd et trempé. Hommes et chevaux s'effondrèrent. Ce fut la débâcle. Le roi tenta de ramener l'infanterie, puis les Suisses arrivèrent, mais les rives du Tessin étaient devenues pareilles à un marécage où tout déploiement

La cavalerie française ▷ tente de fuir. Les arquebusiers espagnols profitèrent de l'immobilisation des cavaliers français alourdis par leur armure pour se jeter dans la mêlée avec leurs couteaux et leurs mousquets. Les renforts suisses, enlisés dans les marécages, ne purent arriver à temps, tandis que les troupes de Leyva, enfin sorties de Pavie, hâtaient la déroute. La bataille avait duré une heure. Naples, musée de Capodimonte.
Phot. Scala.

◁ Duel de François Ier et du marquis Sant' Angelo. La seconde phase de la bataille se déroula dans la confusion et les nombreux témoignages furent souvent contradictoires, le brouillard interdisant la vision d'ensemble. Malgré le feu des canons, les Impériaux parvinrent à se rassembler. François, croyant le travail des canons achevé et brûlant de rompre une lance, chargea sa cavalerie. Il culbuta les chevau-légers de Sant' Angelo, qu'il tua de sa propre main. Mais sa charge eut la conséquence tragique de masquer l'artillerie française qui, immobilisée par le terrain, dut cesser de tirer. Engluée, la cavalerie française dut s'arrêter au bord de la Vernavola. Naples, musée de Capodimonte.
Phot. Scala.

fut impossible. Les principaux chefs de l'armée tombèrent sous le feu. Les morts se comptèrent par milliers. Le roi, blessé, son cheval abattu, se défendit avec une vigueur et une bravoure exceptionnelles, mais on s'acharna à vingt contre lui. Le reconnaissant, Lannoy s'interposa pour le dégager et le fit prisonnier. Commencée en escarmouche, la bataille s'achevait en tragédie.

Des conditions inacceptables. La nouvelle de la défaite française se répandit vite. Charles Quint, stupéfait, répétait en pleurant de joie : « le roi de France est en mon pouvoir, la bataille est gagnée

◁**La capture de François Ier.** Le roi, au milieu de ses cavaliers, se battit comme un lion. Son cheval fut abattu de vingt coups d'arquebuse, mais, malgré sa lourde armure, il parvint à se relever. Les Espagnols se ruèrent sur lui, prêts à le dépecer. Ce fut Lannoy qui le dégagea et reçut son épée, genou à terre. Il existe plus de cent versions de l'événement. Musée de l'Armée, Madrid.
Phot. Algar-Foto Archivs Salmer.

△**Charles Quint** par Titien. Après Pavie, il fit faire, en action de grâces, une procession générale qu'il suivit à pied, vêtu d'une cape noire.
Phot. Algar-Foto Archivs Salmer.

par moi ! ». Puis il alla remercier le ciel en assistant à la messe. De son côté, Henri VIII se reprit à espérer le démembrement de la France. Quant à Bourbon, il aurait voulu exploiter aussitôt l'avantage et foncer sur Lyon. Le roi prisonnier, les chefs de l'armée tués, qu'allait devenir le royaume ?

François fut d'abord enfermé dans la citadelle de Pizzighettone, sur les bords de l'Adda, sous la garde d'un fidèle de l'empereur, Alarcon. Les conditions de sa détention ne furent pas trop éprouvantes. On lui permettait les visites. Il lisait et écrivait même des sonnets. Mais le captif souffrait de ces rondes quotidiennes, qui se répétaient de quart d'heure en quart d'heure. Bientôt on lui permit également les exercices sur la place d'armes. De sa prison, le roi écrivit une lettre très digne à son vainqueur, où il l'assurait qu'un traitement clément et magnanime lui vaudrait une reconnaissance éternelle et, au lieu d'un prisonnier inutile, le rendrait « à jamais un roi esclave ». Louise, de son côté, sollicitait l'empereur, « son cher fils », de se montrer généreux.

Charles hésita plusieurs semaines sur la conduite à tenir et la modestie de son comportement extérieur pouvait faire espérer à François une issue point trop dure. Lannoy, d'ailleurs, le poussait dans

ce sens. Enfin, en avril, il fit connaître ses propositions : le roi de France conserverait sa couronne, mais il lui rendrait le duché de Bourgogne, il perdrait la Flandre et l'Artois, renoncerait définitivement au Milanais, abandonnerait la Provence à Bourbon qui deviendrait un souverain indépendant. Il restituerait enfin à Henri VIII ce qui était autrefois possession anglaise — formule ambiguë qui pouvait comprendre la Normandie, l'Anjou, la Gascogne... Les conditions étaient draconiennes, inacceptables. François chercha donc à gagner du temps, en arguant que seule sa mère, la régente, libre de ses mouvements, était habilitée à négocier, et il fit part en même temps à Lannoy des concessions qu'il estimait possibles : la renonciation à l'Italie, l'abandon des droits de suzeraineté sur l'Artois et la Flandre, la restitution à Bourbon de ses fiefs. Les juridictions compétentes trancheraient sur le sort de la Provence. Quant à la Bourgogne, seul un arbitrage permettrait de régler l'affaire. Et, d'ailleurs, ajoutait le roi, si la décision lui était favorable, il la donnerait aussitôt en dot à Éléonore, sœur de Charles Quint, qu'il se proposait d'épouser.

Ces concessions n'étaient certes pas minces. Louise les jugea même trop libérales. Mais Charles les repoussa parce que lui échappait la Bourgogne. Ce refus devait être lourd de conséquences. D'abord on retira le prisonnier de Pizzighettone, la citadelle n'étant pas jugée assez sûre. Naples aurait dû être choisie comme résidence forcée, mais François, après avoir songé à un plan d'enlèvement en mer, obtint de Lannoy d'être transféré à Madrid où, au moins, il espérait pouvoir s'expliquer directement avec son vainqueur. À Barcelone, où il débarqua le 19 juin, il fut reçu en souve-

◁**François Ier débarque à Valence.** On le reçut en roi et on le fit même participer à une chasse. La captivité s'annonçait douce. François s'inquiétait pourtant de ne pas rencontrer son vainqueur. Celui-ci, de son côté, était furieux que son prisonnier ait été à son insu amené en Espagne. Peinture d'Ignace Pinazo. Palais de la Généralité de Valence.
Phot. Algar-Foto Archivs Salmer.

Louise tient le gouvernail du royaume. Durant la captivité de son fils, elle exerça la régence d'une main ferme. Elle mit toute son énergie à obtenir de Charles Quint des conditions de paix acceptables pour la France. Elle réussit à rallier à sa cause, à prix d'or, Henri VIII et les États d'Italie, inquiets de la puissance impériale. B. N.▷
Phot. B. N.

La tour de Los Lusanes. En pleine ville aujourd'hui, elle faisait alors partie des fortifications de Madrid. Par la suite, on transféra le roi au donjon de l'Alcazar.
▽*Phot. Arxiu-MAS.*

rain, acclamé, à la grande fureur de Charles Quint, qui n'avait pas été prévenu du transfert. Finalement le prisonnier fut conduit à Madrid, au donjon de l'Alcazar. Il devait demeurer là plus de six mois, dans une chambre exiguë, aux murs épais percés d'une petite fenêtre.

François Ier espérait encore dans les chances d'une négociation, mais, comme les semaines passaient, il fallut déchanter : Charles ne se conduisait pas en héros de chevalerie et, ne songeant qu'à sa Bourgogne, il espérait vaincre les résistances de son prisonnier en redoublant de pression par un régime de réclusion implacable. Abattu par cette captivité dont il ne voyait pas la fin, privé d'air et d'exercices, François se laissa gagner peu à peu par la dépression. La fièvre le prit, ses forces déclinèrent. Il dicta une déclaration où il faisait savoir que toute concession extorquée dans ces conditions serait sans valeur. L'empereur, averti de son pitoyable état, lui envoya ses meilleurs médecins, mais la maladie s'aggravait chaque jour, au point qu'on le crut près de succomber.

Les tractations de Louise. En France, la nouvelle de la défaite de Pavie jeta le trouble et la consternation. Louise assurait d'une main ferme la régence, mais le chancelier Duprat était détesté et le parlement entendait bien s'en débarrasser et récupérer ses privilèges. Les prédicateurs, excités par la Sorbonne, tonnaient contre la régente et son chancelier. Le pays, saigné à blanc, menaçait d'entrer en guerre civile. Louise fit alors preuve d'une grande habileté : elle publia les propositions inacceptables de Charles Quint et, dès que le pays sut le sort honteux qui était fait au royal prisonnier, une réaction de fervent patriotisme se déchaîna. Les grands corps, Paris, le peuple firent bloc avec elle.

La régente travaillait d'ailleurs activement à se chercher des alliés. Elle avait même renoué avec Henri VIII, qu'avait déçu le comportement de l'empereur après Pavie et, moyennant le versement comptant de 250 000 couronnes et la promesse d'une pension de 100 000 couronnes par an, les Anglais changèrent de camp et conclurent avec la France une alliance défensive. Puis Louise se

△ **Marguerite d'Alençon** (ci-dessus) se rend auprès de son frère (à droite). Elle accourut à Madrid pour tenter de négocier avec l'Espagne et de ranimer son frère, gravement malade. Elle vit le roi le 15 septembre, le lendemain de la première visite de Charles Quint. Toute vêtue de blanc, car elle portait le deuil de son mari, n'espérait-elle pas que son charme et son intelligence gagneraient le cœur de l'empereur ? L'état du roi empira. On fit dresser un autel dans sa chambre et, au cours de la messe, François se sentit mieux. ▷ Marguerite reprit les négociations. Il fut question du mariage du roi avec Éléonore, la sœur de Charles Quint, et surtout de la cession de la Bourgogne. Mais celle-ci, pour être valable, devait être ratifiée par le parlement, et Charles exigea, en attendant la signature définitive, que les fils du roi de France vinssent à Madrid en otages. Émail par Léonard Limousin et illustration de Robida (1909). © by S. A. D. E. M. 1986.
Phot. Lauros-Giraudon et J.-L. Charmet-Explorer Archives.

tourna vers les Italiens, que commençait d'inquiéter la main trop lourde de l'empereur. Le pape, Venise entraient dans ses vues. Toutes ces négociations auraient dû réjouir François Ier si, alors, de surcroît, un abcès à la tête ne l'avait rendu moribond. L'émotion, l'inquiétude, la gêne, du coup, furent du côté de Charles Quint. Il se résolut enfin à faire une visite à son prisonnier. Celui-ci, affaibli, ne put même pas se lever. Les deux hommes se tinrent enlacés quelques instants. L'entretien fut très court, mais se renouvela le lendemain. Surtout, Charles Quint autorisa Marguerite à venir rendre visite à son frère chéri. Les retrouvailles contribuèrent au rétablissement de François. Deux jours plus tard, l'abcès s'ouvrit et la fièvre tomba.

Les bons sentiments ne suffirent pas à régler la question. Charles, têtu, ne renonçait pas à sa Bourgogne, malgré l'imposante somme de 3 millions d'écus que lui offrait François. Un instant ce dernier songea à abdiquer, mais on lui fit savoir qu'il ne serait pas pour autant libéré. Il fallut donc se résigner à négocier, et, pour François, la seule issue possible était de céder, au moins en apparence. Le traité mis au point en décembre fut signé à Madrid le 14 janvier 1526. Charles Quint avait multiplié les précautions : François s'engageait à ratifier l'accord une fois libre et à le faire accepter dans les mois suivants par les parlements du royaume. Faute de quoi, il réintégrerait sa prison. Ses fils, en attendant, prendraient sa place à Madrid. Gage de l'alliance, Charles Quint donnait sa sœur Éléonore en mariage au roi de France. Le 17 mars, François Ier arriva à la frontière, où ses deux fils de sept et huit ans l'attendaient pour être conduits en échange à Madrid et y servir d'otages.

Je suis encore roi ! « Maintenant je suis roi ! Je suis encore roi ! » Cette exclamation que la joie de la liberté retrouvée arracha à François allait en quelques mois prendre tout son sens. D'abord le roi n'avait nullement l'intention de tenir les engagements du captif,

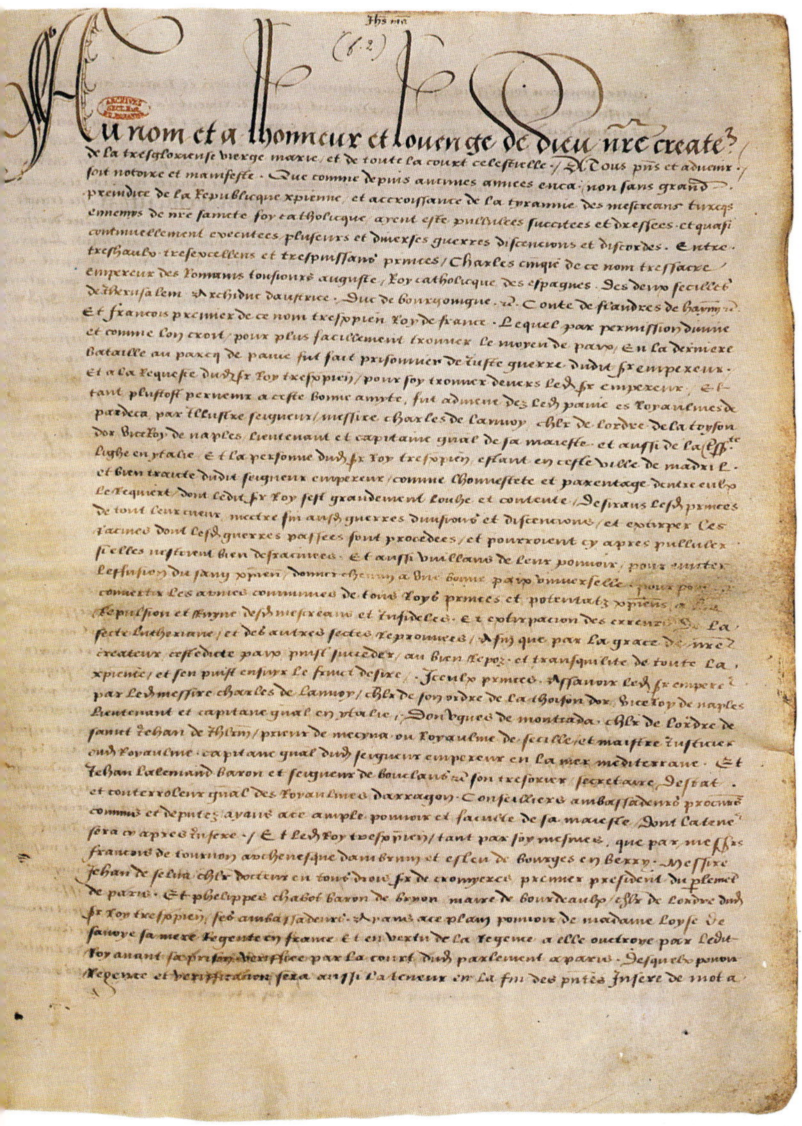
Au nom et a lhonneur et louenge de dieu nre createur
de la tresglorieuse vierge marie, et de toute la court celestielle / A tous p̄ns et advenir
soit notoire et manifeste. Que comme depuis aucunes annees enca non sans grand
preiudice de la Republicque xpienne et accroissance de la tyrannie des mescreans turcqs
ennemys de nre saincte foy catholicque ayent este publiees suscitees et dressees et quasi
continuellement executees plusieurs et diverses guerres discencions et discordes. Entre
treshaults tresexcellens et trespuissans princes / Charles cinqe de ce nom tresacre
empereur des romains tousiours auguste, Roy catholicque des espagnes. des deux secilles
de Jerusalem Archiduc daustrice. Duc de bourgoigne. conte de flandres de hayn.
Et francois premier de ce nom treschrestien Roy de france. Lequel par permission divine

◁**Le traité de Madrid.** Il fut signé le 14 janvier 1526, mais, la veille, François Ier prévint secrètement les délégués français que, cédant à la contrainte, il le tenait pour nul. Musée de l'Histoire de France, Archives nationales.
Phot. Bulloz.

△**Le dauphin François.** L'échange de François Ier et de ses deux fils se fit le 17 mars, à 7 heures du matin, sur un ponton au milieu de la Bidassoa. Les petits princes avaient huit et sept ans. L'aîné, François, mourra en 1536 et c'est le second, Henri, duc d'Orléans, qui régnera sous le nom d'Henri II. Musée des Beaux-Arts, Anvers.
Phot. Giraudon.

convaincu que les termes du traité rencontreraient l'hostilité de tous les États du royaume, et, en particulier, de la Bourgogne. D'ailleurs, à l'extérieur, ne l'encourageait-on pas à résister ? Le nonce du pape avait nettement affirmé que « les pactes faits sous la crainte ne tiennent pas ». Henri VIII avait changé de bord. Aussi, lorsque, le 10 mai, Lannoy vint demander des explications sur tant de lenteur, on lui ôta ses doutes : la France ne tiendrait pas ses promesses, la Bourgogne ne serait pas rendue. Plus grave encore, Henri VIII, les États italiens, le Saint-Siège et la France venaient de signer à Cognac, en mai, une alliance destinée à « mettre fin aux guerres désolant la chrétienté ». Ils priaient Charles de se joindre à cette ligue après avoir évacué le Milanais et la Lombardie, et ils lui demandaient de libérer contre rançon les enfants du roi. Quelle sommation pour le vainqueur d'hier ! Sans même attendre sa réponse, les coalisés prenaient Lodi en juin 1526 et semblaient tenir l'Italie.

Charles Quint devait riposter. Puisque le roi de France se comportait en renégat, la guerre était à nouveau ouverte. Désormais l'empereur employa toutes ses forces et sa résolution au service de sa revanche. Il choisit pour commander les troupes d'Italie le plus violent, le plus acharné, le plus aigri de tous ses chefs, Bourbon. Il puisa dans son trésor ses dernières réserves pour lever en Allemagne des mercenaires et recruter des capitaines. Enfin, il utilisa tour à tour ruse et menace pour détacher le pape de la ligue. Les coalisés, eux, tout à leur première victoire, perdaient du temps. François lui-même ne semblait pas s'inquiéter. À la Cour, il avait fait la connaissance de la ravissante Anne de Pisseleu, future duchesse d'Étampes, que Louise poussa dans ses bras pour barrer la route à Françoise de Châteaubriant. Et son caractère heureux lui faisait oublier la gravité de la situation ! « Les choses agréables effacent en son esprit les pensées les plus graves », ainsi l'a décrit le nonce en France...

Le 20 novembre 1526, à la tête de plus de 10 000 hommes, Georg von Frundsberg, recruté par Charles Quint, déboucha en Italie. À peine gêné par le duc d'Urbin, qui commandait les forces vénitiennes, il continua sa progression et opéra sa jonction avec Bourbon. En même temps, les troupes de Lannoy

◁**La duchesse d'Étampes.** Anne de Pisseleu d'Heilly, faite duchesse d'Étampes en 1534, avait dix-sept ans lorsqu'elle connut le roi et évinça Françoise de Châteaubriant. Belle, intelligente, rouée, elle imposa sa volonté à son royal amant et sut maintenir une distance qui la fit respecter de la Cour : elle ne logeait pas dans la maison royale et s'entoura de nombreux artistes et lettrés. Dame d'honneur de Louise, elle eut bientôt une ennemie acharnée en la personne de Diane de Poitiers, maîtresse du dauphin Henri. Lorsque celui-ci monta sur le trône, Diane exerça sa vengeance en lui faisant rendre bénéfices et bijoux. La duchesse d'Étampes mourut en 1580, tout à fait délaissée. Peinture du XIXe siècle de Richard Parkes Bonington. Musée du Louvre.
Phot. Bulloz.

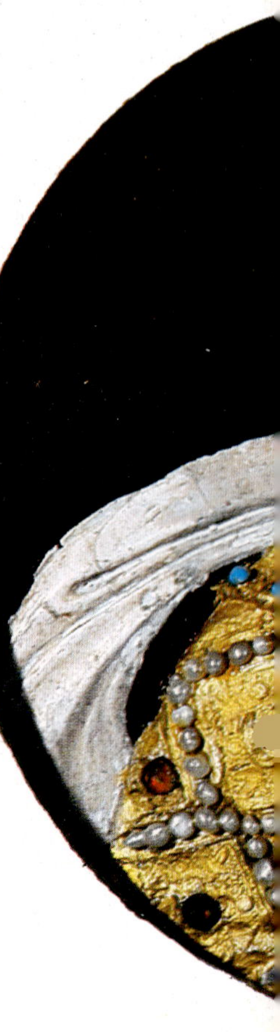

attaquaient au sud les États de l'Église. Pris en étau, le pape Clément VII vacilla dans ses résolutions et demanda à Charles Quint une trêve, signée en mars 1527. Ainsi, en six mois, l'empereur avait, par les armes, retourné la situation à son avantage et ses troupes tenaient l'Italie.

Le nerf de la guerre. À son retour de captivité, François Ier avait repris d'une main ferme les rênes du royaume et, l'argent décidant des guerres, il jugea indispensable de disposer à sa convenance de ressources financières, clé de toute politique.

Le problème financier s'était posé à tous les Valois. Traditionnellement, le trésor royal disposait de deux sortes de ressources : des revenus ordinaires, provenant du domaine privé du roi, et des revenus extraordinaires, qui, d'exceptionnels, ne tardèrent pas à devenir ordinaires et constituèrent bientôt les neuf dixièmes des ressources (aides sur le vin ou sur les animaux à pieds fourchus, péages, gabelle sur le sel et, enfin, le plus mal supporté de tous, la taille avec ses augmentations, ses « crues » levées au fur et à mesure des besoins). La taille ne frappait pas également les sujets du roi, car en étaient exonérés les nobles, les ecclésiastiques, la plupart des officiers du roi et les gens des villes. Mal assise, arbitraire, la taille pouvait varier selon les « généralités » où opéraient trésoriers et généraux des Finances. De sorte que le trésor ne connaissait jamais exactement ses recettes. Il se contentait de signifier ses exigences, avec mission pour les trésoriers ou leurs receveurs et collecteurs de se débrouiller avec les contribuables au niveau des paroisses. Les trésoriers et « généraux » étaient en quelque sorte les grands maîtres des finances. Ils appartenaient le plus souvent aux familles de banque et ils fournissaient ou prêtaient au roi au fur et à mesure de ses besoins. Les Beaune, les Briçonnet, les Berthelot détenaient ainsi une énorme puissance comme créanciers du roi, car, malgré toutes sortes d'expédients, création ou vente d'offices, emprunts aux villes, la Couronne devait finalement s'en remettre à eux.

Le plus éminent personnage de cette oligarchie était un riche marchand, Jacques de Beaune de Semblançay que François Ier avait nommé « général » et dont il avait fait en quelque sorte un surintendant des Finances. Mais, dès 1521, si habile fût-il, Semblançay parvenait de moins en moins facilement à faire face aux sollicitations croissantes du roi qui devait payer ses soldats. Il put envoyer encore 360 000 livres à l'armée d'Italie, mais il refusa d'éponger le déficit suivant. « Les bourses sont closes », écrivit-il au roi. Poussé par Louise, François se crut berné et il entama contre son financier un premier procès en 1524, procès qui tourna à l'avantage de Semblançay et le lava des accusations. Mais le roi de France n'entendit pas en rester là. En 1527, il le fit à nouveau arrêter et il constitua la commission de « la Tour carrée » composée de membres entièrement à son service. Le procès dura plusieurs mois et son issue fut tragique : convaincu de fraude, Semblançay fut pendu le 12 août 1527 au gibet de Montfaucon, tandis que Marot compo-

Semblancay au gibet. ▷ L'exécution du grand financier choqua l'opinion et valut à la régente, sa principale accusatrice, la réprobation unanime. Marot composa une épigramme pour célébrer l'innocence et le courage du condamné, en lui prêtant ces mots : « Et de ma mort tant laide fut la voie/ Que mes enfants hélas j'avoie/ Haut élevés en fortune et en pouvoir/ Haut élevé en gibet m'ont pu voir. » Illustration de Robida (1909). © by S. P. A. D. E. M., 1986.
Phot. J.-L. Charmet-Explorer Archives.

◁ **Le duc d'Urbin.** La guerre reprit en 1526 entre Charles Quint et François Ier, celui-ci refusant de respecter le traité. Timoré, impressionné par les lansquenets, le chef militaire de la ligue en Italie, le duc d'Urbin, n'osa pas, malgré l'importance de son armée, attaquer Frundsberg, le laissant ainsi opérer sa jonction avec Bourbon. La situation militaire, favorable au début à la ligue, se retournait à l'avantage de Charles Quint, dont les troupes, à la fin de l'hiver 1527, menaçaient les États pontificaux. Musée de Cluny, Paris.
Phot. R. M. N.

sait en son honneur une épigramme demeurée célèbre... Semblançay ne fut pas seul à payer le prix de sa puissance. Bohier, Berthelot, Ruzé, Poncher furent à leur tour condamnés à des amendes énormes, mais rarement à la peine capitale. Après s'être affranchi de la tutelle du parlement, François venait de se libérer de l'oligarchie financière. Restait à entreprendre une réforme générale.

La soif de réforme. Sur un autre terrain, celui des idées religieuses, le roi imposa son autorité. Jaillies dans l'espoir d'un grand renouveau de l'Église, les idées nouvelles allaient diviser profondément le pays et, en se déplaçant sur le plan politique et international, provoquer par l'enchaînement de la révolte et de la répression la plus violente des guerres civiles.

Lorsque le Valois monta sur le trône, beaucoup de gens parmi le clergé et dans le monde de la pensée avaient

pris conscience de la nécessité d'une réforme de l'Église. L'ignorance, la concussion, le relâchement des mœurs caractérisaient bien souvent les prêtres qui, parfois, ne savaient même plus réciter le *credo.* Le mauvais exemple venait d'en haut. La papauté se relevait difficilement de l'abaissement moral où était tombé son magistère, les évêques cherchaient des bénéfices et le trafic des indulgences fut le prétexte choisi par Luther pour mettre le feu aux poudres. En France, le concordat de Bologne de 1516 avait inclus dans ses articles la nécessité d'épurer les mœurs. En même temps que se dessinaient ces nouvelles aspirations morales, la pensée humaniste mettait ses instruments au service du renouveau : étude des langues anciennes et retour aux textes, éveil de la conscience personnelle et du libre-arbitre.

En 1512, un clerc humaniste et savant, Lefèvre d'Étaples, avait publié son *Commentaire sur les épîtres de saint Paul,* selon lequel toute la doctrine du Christ était contenue dans les Saintes Écritures, qu'il convenait donc de lire et de suivre, les dogmes n'étant que secondaires, et d'où il découlait également que « nos œuvres » ne suffisaient pas à nous justifier si elles n'étaient pas issues de la grâce. Autour de

◁**Clément VII et François Ier.** Menacés l'un et l'autre par l'empereur, ils se rapprochèrent. Cependant, la politique incertaine du roi face aux protestants provoqua l'inquiétude du chef de l'Église romaine. Fresque de G. Vasari, Palais Vieux, Florence.
Phot. Scala.

△**Lefèvre d'Étaples.** Il enseignait la philosophie à Paris et devint vicaire général de l'évêque de Meaux. François Ier le prit en 1526 pour précepteur de ses enfants, mais ses sympathies pour le mouvement de la Réforme le rendirent suspect et il dut se réfugier à Strasbourg.
Phot. Larousse.

lui s'étaient regroupés quelques chrétiens érudits diffusant les mêmes idées. Ces idées avaient été accueillies favorablement par l'évêque de Meaux, Guillaume Briçonnet, qui, depuis 1516, avait entrepris de réformer son diocèse, en redressant le comportement des prêtres, en raffermissant la foi des fidèles par la lecture de l'Évangile. Briçonnet était protégé par Marguerite de Navarre que les idées de Lefèvre d'Étaples avaient conquise. Le roi, subissant fortement l'influence de sa sœur, permit aux « biblistes » de Meaux de venir prêcher à Paris.

La Sorbonne, conservatrice, traditionaliste, décela immédiatement ce qu'avaient de contestataire les idées nouvelles. La querelle aurait pu demeurer affaire de spécialistes si les invectives de Luther n'avaient tout envenimé. Les diatribes contre l'Église romaine, l'appel à la sédition et à la violence du « docteur hyperbolique », comme l'appelait Érasme, jetaient leur ombre disqualifiante sur les positions modérées d'un Lefèvre d'Étaples. Un universitaire, principal du collège de Montaigu, Beda, se déchaîna contre Luther d'abord, puis bientôt contre Érasme et Lefèvre d'Étaples et, se mettant à la tête d'une commission, condamna sans partage et sans nuance toutes leurs positions. Ce qui fit dire à Érasme : « On commence par brûler les livres, on finit par brûler les personnes ! » Le premier bûcher s'alluma en 1523 à Paris.

Les idées luthériennes gagnèrent du terrain à partir de 1520, grâce à la diffusion de l'imprimerie. Elles débordèrent assez vite le cercle étroit des humanistes lettrés pour toucher, à travers des prédications simples et fortes, les petites gens. Dans un premier temps, le roi, influencé par sa sœur et favorable naturellement au mouvement humaniste, s'opposa avec fermeté aux pressions du parlement et aux attaques de la Sorbonne. Il protégea même l'humaniste Berquin coupable de posséder

◁**Martin Luther,** par Cranach. Lorsque, en 1517, frère Martin appela l'Église à se réformer, il n'avait pas l'idée de se révolter contre Rome. Il espérait que ses prises de position — la doctrine de la justification par la foi seule — donneraient lieu à une libre confrontation. Rome le cita à comparaître et, jugeant ses propositions menaçantes pour l'autorité pontificale, condamna quarante et une d'entre elles. Musée de la ville de Regensburg. *Phot. Lutz Braun-Bildarchiv Preussischer Kulturbesitz.*

Érasme. Luther chercha d'abord à mettre dans son camp l'humaniste de Rotterdam, dont il admirait les travaux, puis il lui demanda de rester neutre. Pressé par Henri VIII et par le pape, Érasme réfuta les thèses de Luther sur la prédestination dans son livre *De servo arbitrio,* ce qui lui valut les pires injures du réformateur. En 1535, le pape offrit à Érasme le chapeau de cardinal, qu'il refusa. Peinture d'Holbein le Jeune. Musée du Louvre. *Phot. Lauros-Giraudon.* ▷

chez lui des ouvrages de Luther. Mais pas un instant il ne songea à encourager la révolution religieuse. Bientôt, d'ailleurs, la guerre puis la captivité l'éloignèrent pour de longs mois du royaume. Ce fut cette époque que les conservateurs utilisèrent pour faire triompher la répression. Berquin fut à nouveau jeté en prison. Arrestations, confiscations de biens, supplices par le feu se succédèrent. Du coup, les réformés, exaspérés, ripostèrent. Il y eut des manifestations et des désordres. On vit des statues de la Vierge brisées et des images de saints brûlées. Ainsi commença l'escalade de la violence. Lorsque le roi rentra de Madrid en 1526, le climat avait gravement dégénéré. Partagé entre son libéralisme, son amitié pour les novateurs et la crainte des troubles que la réforme suscitait à Meaux, à Lyon, à Orléans, François hésita. Tantôt il se montra plein d'indulgence, tantôt partisan de la répression. En nommant, à ses côtés, Montmorency grand maître de France, il choisit la promotion d'un ennemi de la Réforme. Sans doute espérait-il encore que la réunion des synodes provinciaux en 1528 donnerait une solution à la crise ? En fait la situation n'allait pas tarder à s'aggraver...

◁**Un colporteur.** Luther n'aurait peut-être pas percé sans l'imprimerie. Des presses clandestines diffusèrent par milliers bibles et petits catéchismes, qu'on achetait à bas prix dans les foires ou à des colporteurs. Bibliothèque de l'Arsenal, Paris.
Phot. B. N.

△**Bible luthérienne en 1524.** Luther, comme Érasme et Lefèvre d'Étaples, prêchait le retour à l'Écriture. Il traduisit la Bible en un allemand simple, accessible aux petites gens. La traduction du Nouveau Testament date de 1522. L'édition complète de 1534 fut illustrée par Cranach.
Phot. Explorer archives.

Page suivante :
Antoine Macault présente au roi une traduction de Diodore de Sicile. François Ier avait convié à sa table Duprat, en tenue de cardinal, et quelques courtisans pour écouter la lecture du poète. Les lettrés étaient admis à sa cour sans distinction de rang. Musée Condé, Chantilly.
Phot. Lauros-Giraudon.

L'épanouissement de la Renaissance

Au mois de mai 1527, Rome, capitale de la chrétienté, fut victime d'une épouvantable catastrophe : le pillage de la ville par les lansquenets du connétable de Bourbon et l'emprisonnement du pape. L'événement toucha toute l'Europe, provoquant l'horreur. Charles Quint fut désigné comme le vrai responsable : « Les pierres de la chrétienté se lèvent contre votre Majesté », écrivit à son maître Alarcon, geôlier de François Ier avant de devenir celui de Clément VII.

La nouvelle en tout cas eut pour effet immédiat de resserrer la Sainte Ligue et un nouvel accord fut signé en mai 1527 entre le roi d'Angleterre et le roi de France ; ce dernier, champion du monde chrétien, envoya pour la cinquième fois en juillet ses armées de l'autre côté des Alpes. Une nouvelle année de guerre s'ouvrit en 1528, où s'affrontèrent une fois de plus les éternels rivaux, alternant succès et échecs. La victoire finale fut du côté des Impériaux, mais Charles Quint ne put tirer tous les bénéfices qu'il escomptait, tant les effets psychologiques de ses actes avaient été désastreux. La paix des Dames, en 1529, mit provisoirement un terme à leur compétition.

De 1529 à 1534, la France connut enfin cinq années de paix, que François mit à profit pour encourager les arts et les industries dans son royaume. D'Italie il rapportait, comme ses prédécesseurs, l'amour des beaux palais, de la lumière, des jardins et il fit construire sur les bords de la Loire de somptueux châteaux où se conjuguèrent la tradition gothique française et les goûts nouveaux. Il fit venir auprès de lui des artistes et des lettrés, il acheta des livres et se constitua une magnifique bibliothèque dont il confia la direction à Guillaume Budé. « Restaurateur de l'humaine science », ainsi l'appelèrent ses contemporains. Sa Cour, imprégnée par les mœurs italiennes, allait de fête en fête, obéissant à une série de rites minutieux auxquels étaient soumis les « courtisans ».

Fêtes et voyages n'empêchèrent pas le roi de France de mener une diplomatie active : François ne se résignait pas aux clauses de la paix des Dames et ne renonçait pas au Milanais, d'autant que son rival avait beaucoup à faire pour maintenir la cohésion dans une Allemagne divisée, au cœur des conflits religieux. S'il perdait sur le terrain militaire, le roi gagnait sur le plan diplomatique, en menant une politique réaliste, voire cynique. Les princes protestants allemands pouvaient devenir pour lui d'utiles alliés et il n'hésita pas à tendre la main aux Turcs, qui profitaient alors des divisions de l'Occident chrétien pour avancer à grands pas en Europe centrale.

◁ **François Ier chez Léonard de Vinci.** Après Marignan, le roi de France rendit visite au grand artiste et réussit à le persuader de l'accompagner sur les bords de la Loire, moyennant une pension de 700 écus. Léonard avait alors soixante-sept ans. Le roi l'accueillit en le serrant dans ses bras et il lui aménagea un manoir, près du château d'Amboise, le Clos-Lucé. Fréquemment, il venait s'entretenir avec le maître de ses grands projets architecturaux. Peinture d'Évariste Fragonard. Musée de Versailles.
Phot. Lauros-Giraudon.

LORSQUE LES ALLIÉS DE LA SAINTE LIGUE apprirent la défection du pape Clément VII, passé dans le camp de Charles Quint par le pacte du 16 mars 1527, ils n'en résolurent pas moins de continuer leur lutte. Dès le 30 avril, François et Henri signèrent un nouveau traité liquidant le vieux contentieux franco-anglais. De son côté, le pape, tremblant, voyait déferler sur le nord de l'Italie les lansquenets du connétable de Bourbon, et chacun se demandait jusqu'où iraient ces hordes de soldats qui manquaient de nourriture et de vêtements et qu'on n'avait pu payer faute d'argent. L'empereur avait beau pro-

La paix des Dames

△ **Clément VII rencontre Charles Quint.** Inquiet de l'avance des Impériaux, le pape signa une trêve avec Charles Quint, qui fit dire alors à Bourbon de se replier sur la Lombardie. Mais Frundsberg ne put retenir ses hommes, et pas davantage Bourbon : non payés, manquant de tout, les lansquenets n'avaient guère qu'un but, le pillage des villes. Fresque de G. Vasari. Florence.
Phot. Scala.

La prise de Rome par les soldats de Bourbon. ▷ Le pape avait confié à Renzo da Ceri, l'homme qui avait su protéger Marseille contre le connétable, la défense de Rome. Mais celui-ci ne put rien faire contre les Impériaux déchaînés, surgis sur les remparts à la faveur du brouillard. Ses hommes, tirés de leurs boutiques, n'eurent pas le temps de se défendre et le *borgo* s'embrasa en un instant. Bourbon, lui, avait péri au début du combat.
Phot. H. Roger-Viollet.

mettre trois ducats par tête et les conjurer de respecter la trêve signée avec Clément VII, les opulentes villes italiennes, les trésors de Rome apparaissaient comme un pays de cocagne à ces troupes épuisées et avides.

Le sac de Rome. Florence évita de justesse le sac parce que le duc d'Urbin et le marquis de Saluces arrivèrent à temps pour tenir en respect l'ennemi. Les troupes de Bourbon durent se détourner de Florence pour reprendre leur marche sur les États pontificaux. Ce que voyant, le pape, terrorisé et qui n'en était plus à un revirement près, fit à nouveau appel à la Ligue pour qu'elle vînt à son secours. Celle-ci n'avait plus le temps d'arriver. Et, le 6 mai, eut lieu un des plus tragiques épisodes de toute l'époque de la Renaissance, le sac de Rome. Les soldats se déchaînèrent, pillèrent, violèrent, incendièrent et, en bons luthériens, dévastèrent les églises avec leurs statues et leurs trésors. Les ecclésiastiques, lorsqu'ils ne furent pas massacrés, furent promenés sur des ânes dans les rues et retenus en otages. Personne ne fut épargné. Le connétable de Bourbon, responsable de cette effroyable expédition, avait péri au cours du siège. Les cadavres emplissaient les rues et déjà montaient les odeurs de peste. Le 6 juin, au bout d'un mois d'enfer, Clément VII capitula. Il fut retenu prisonnier au château Saint-Ange en attendant qu'une énorme rançon fût versée.

Il n'y eut sans doute pas un chrétien qui ne fût horrifié par le sac de Rome. Henri VIII et François Ier conjuguèrent leurs forces et, en juillet, les premières troupes, sous le commandement de Lautrec, passèrent les Alpes pour délivrer le pape. Novare, puis bientôt toute la Lombardie et les principales places fortes de Ligurie tombèrent. Lautrec continua d'avancer et, contre lui, les Impériaux ne pouvaient opposer que des troupes décimées par la peste. Aussi Charles Quint accepta-t-il de limiter ses exigences et d'abaisser la rançon du pape. Mais, le 9 décembre, jour où les soldats se présentèrent au château Saint-Ange pour libérer l'illustre prisonnier, celui-ci avait disparu : il s'était évadé, déguisé en paysan.

Le moment apparut favorable à François Ier, alors en position de force en Italie, pour traiter avec son adversaire et le contraindre à libérer les Enfants de France, toujours prisonniers. Négociation délicate, dans la mesure où aucune des parties ne faisait confiance à l'autre. De fait, le roi de France voulut imposer un ultimatum à Charles Quint, et celui-ci refusa. Encore une fois, les armes devraient trancher et les deux rivaux se firent une déclaration de guerre en règle par l'intermédiaire de leurs hérauts.

Le 22 janvier 1528, Charles Quint, assis sur son trône, entouré des principaux seigneurs de la cour d'Espagne,

△ **Le château Saint-Ange, à Rome.** Devant la défaite, le pape, qui priait, se réfugia au château Saint-Ange avec ses cardinaux. Une fois qu'il eut capitulé, on le retint prisonnier dans la forteresse.
Phot. Scala.

reçut les envoyés du roi de France et du roi d'Angleterre, qui mirent genoux à terre. Le Français commença ainsi sa proclamation : « Sire, le Roi Très Chrétien, mon naturel et souverain seigneur, m'a commandé de vous dire qu'il a un merveilleux regret et déplaisir de ce que, au lieu de l'amitié qu'il a tant désiré avoir avec vous, il faut que l'inimitié précédente demeure et se maintienne encore. » Et il ajouta que, tant que les Enfants de France seraient détenus, la guerre se poursuivrait ; que l'Espagne était considérée comme responsable des progrès des Turcs en Europe et des sanglantes batailles d'Italie. La riposte vint, immédiate : « Je m'ébahis que le roi votre maître me défie, car, étant mon prisonnier de juste guerre et ayant sa foi, il ne le peut faire par raison. » Puis ce fut au tour de l'écuyer anglais de réclamer à l'empereur les sommes qu'il avait promises, et non versées, au roi d'Angleterre. On échangea encore quelques lettres pleines d'invectives où revenaient les termes de « lâche », « méchant », « menteur ». Il fut question d'un duel entre les deux souverains, duel qui n'eut pas lieu, et, au printemps, les deux armées adverses s'affrontèrent en Italie en un combat qui devait engloutir toutes les ressources des États.

Batailles et paix des Dames. Le pape délivré sans son intervention, Lautrec reçut alors pour mission de reprendre le Napolitain. La situation se présentait sous un jour favorable pour les Français qui disposaient de près de trente mille fantassins et d'une vingtaine de canons, et qui déjà occupaient les Pouilles. En face d'eux, les troupes impériales, affaiblies par la peste, dépourvues d'artillerie, étaient démoralisées et il fallut la poigne de leur nouveau chef, le prince d'Orange, pour leur rendre un peu de combativité. Et pourtant, malgré ces circonstances propices, Lautrec, au lieu d'engager à Troja un combat qui lui

△ **Andrea Doria.** La défection de l'amiral génois, blessé par les maladresses du roi de France, et qui recevait irrégulièrement la solde de ses galères, allait donner la victoire à Charles Quint. François cherchera vainement à le regagner à sa cause. Palais Blanc, Gênes.
Phot. Giraudon.

La paix des Dames. ▷ Louise de Savoie et Marguerite d'Autriche arrivèrent à Cambrai le 5 juillet, accompagnées d'une suite nombreuse. L'une habita à l'hôtel Saint-Pol, l'autre à l'abbaye Saint-Aubert. Les négociations à plusieurs reprises furent bien près d'être rompues : il fallut un mois pour parvenir à un accord.
Phot. Bildarchiv Preussischer Kulturbesitz.

aurait permis d'écraser complètement l'adversaire, préféra attendre des renforts de Florence. Précieux temps perdu, dont l'ennemi profita aussitôt pour prendre le large et se regrouper plus loin.

Mais la voie était dégagée. Les armées du roi de France pouvaient avancer librement dans le Napolitain. Elles entamèrent le siège de Naples, tandis que la flotte du fameux capitaine génois, Andrea Doria, à la solde du roi de France, bloquait les issues du côté de la mer. Les Français tenaient donc l'avantage ; la famine ne tarderait pas à réduire les habitants. Mais là encore une lourde bévue, commise par le roi lui-même, gâcha toutes les chances : en imposant une domination trop lourde à Gênes et en favorisant l'essor de sa rivale, Savone, François se mit à dos Doria, qui réagit aussitôt en patriote et chercha du côté de Charles Quint un protecteur plus libéral pour sa ville. Il changea donc de camp et rappela ses galères commandées par son neveu : c'en était fini du blocus, la défection de l'illustre Génois et, par contrecoup, celle de sa ville allaient assurer à l'empereur, et la maîtrise de la Méditerranée et la victoire : Naples était définitivement perdue.

Dès lors l'armée française se trouva elle-même en dangereuse position, touchée à son tour par l'épidémie de peste au cours de laquelle Lautrec mourut, et bientôt réduite au quart de ses effectifs. Les Génois, unis aux Espagnols, n'eurent pas de mal à anéantir ce qui restait des troupes françaises, tandis qu'elles se cherchaient une retraite. Ce premier désastre fut suivi d'une cascade de défaites. Gênes soulevée s'organisa en république indépendante. La Lombardie à son tour céda devant les Impériaux et Milan tomba. L'Italie appartenait désormais à Charles Quint, et le pape devenait en quelque sorte son vassal.

Vaincu, il ne restait plus à François qu'à négocier. Mais comment négocier face à face après tant d'échanges d'injures ? Deux princesses alors s'entremirent. Louise, la première, eut l'idée de faire les avances, tandis que les intérêts de l'Espagne seraient défendus par la tante de Charles Quint, régente des Pays-Bas en son nom, Marguerite d'Autriche. De fait, les deux femmes se rencontrèrent, le 5 juillet 1529, à Cambrai, pour présenter leurs propositions respectives. Mais tout en acceptant le principe de la négociation, Charles ne renonçait à aucune de ses exigences. De plus, le pape s'était engagé à le couronner empereur et à lui accorder l'investiture du Napolitain. Les décisions traînèrent, ce que François mit à profit pour regrouper et rassurer ses alliés. Enfin le traité, compromis qu'on nomma la « paix des Dames », fut signé le 3 août, et une messe solennelle à la cathédrale de Cambrai clôtura les pourparlers. Charles Quint renonçait au duché de Bourgogne et rendait les Enfants de France moyennant une rançon de deux millions d'écus d'or. François abandonnait la Flandre et l'Artois et acquittait les dettes de l'empereur

△ **Le traité de Cambrai, ou « paix des Dames ».** Il fut signé le 3 août et un office solennel, le 5 août, célébra sa conclusion. Les concessions faites de part et d'autre traduisaient assez bien le réel rapport des forces, et François jura solennellement, en octobre, en la cathédrale Notre-Dame de Paris, de respecter ses clauses.
Archives nationales, Paris. Phot. Jean Vigne.

envers Henri VIII, soit cinq cent mille écus.

Charles Quint triomphait donc, au moins en apparence. Le 22 février 1530, le pape posa sur son front la couronne du royaume d'Italie et, le 24, au cours d'une cérémonie magnifique, celle du Saint Empire romain germanique. François ne récupéra de son côté les enfants royaux qu'au milieu de l'année 1530, lorsqu'il versa quatre tonnes d'or ; l'échange eut lieu le 1er juillet sur la Bidassoa. Les deux enfants, dont l'un deviendrait roi de France, avaient passé quatre années dans le vieux château de Castille, retenus captifs dans une chambre nue, à peine éclairée d'une haute fenêtre garnie de barres de fer. Ils en sortaient marqués pour toujours. Presque en même temps, le roi épousa religieusement la sœur de l'empereur, Éléonore.

Le roi bâtisseur. Après quinze ans de luttes épuisantes et stériles, la France allait enfin panser ses plaies et connaître une paix favorable à l'épanouissement des arts et des lettres. Une ère nouvelle s'annonçait. Le chancelier Duprat fut remplacé par le connétable de Montmorency. La reine Louise succomba à une épidémie de peste et son fils, qui n'eut pas le temps de la revoir, en eut un immense chagrin. François avait peu

La cérémonie du couronnement. ▷ Elle eut lieu à Bologne, qui avait été décorée fastueusement. Ce fut une date mémorable, marquant peut-être l'apogée du règne. La chrétienté acceptait pour défenseur et maître incontesté Charles, qui prenait la mesure des responsabilités qui lui incombaient : maintenir la paix en Europe et repousser les infidèles. Aussi convoqua-t-il une diète à Augsbourg, afin que tous, chefs d'État, prélats et magistrats, pussent réfléchir aux problèmes spirituels et politiques se posant à l'époque. La diète se réunit le 20 juin, mais ne réussit pas à faire l'union. Les réformateurs gagnèrent du terrain. Le pape, de son côté, promit de réunir un concile. Musée historique, Besançon.
Phot. Lauros-Giraudon.

△ **Le couronnement de Charles Quint.** Le 23 février 1530, le pape ceignit son front de la couronne de fer de Lombardie et, le lendemain, de la couronne d'or du Saint Empire. Ainsi Charles renouait avec le vieux rêve des Hohenstaufen et de Charlemagne. Peinture de Juan de la Corte. Musée de Santa Cruz, Tolède.
Phot. Oronoz-Artephot.

vieilli : silhouette massive de près de 1,90 m, vive et alerte, au visage de faune barré par une moustache et une courte barbe. Il avait toujours la passion de la chasse, et sa « petite bande » l'accompagnait, infatigable, durant ses longues randonnées en forêt. Le soir venu, on festoyait dans une de ces royales demeures des bords de Loire et chacun revêtait pour l'occasion de magnifiques atours de toile d'or ou d'argent, de velours et de dentelle. Les seigneurs résidaient à la Cour — où ils s'appliquaient à suivre le code d'honneur écrit par Baldassarre Castiglione, *Il Cortegiano,* et traduit en français *(le Courtisan)* —, car on les eût oubliés s'ils étaient demeurés au loin en leur château. Les femmes paraient de leur éclat toutes les fêtes et les plus grands artistes d'Europe figuraient dans l'entourage royal. Le roi, épris de beauté, avait invité à sa cour peintres et sculpteurs qui travaillaient par leur art à la somptuosité des cérémonies. Léonard de Vinci, arrivé en 1516 et logé à Amboise, était trop âgé et trop affaibli pour créer de nouveaux chefs-d'œuvre, mais il fut l'artisan de nombreuses fêtes et servit au roi de conseiller jusqu'à sa mort. Le Rosso, le Primatice s'attachèrent à François en 1531 et attirèrent à eux d'autres compatriotes, Vignole et Serlio. On vit aussi des hommes du Nord, maîtres du portrait, le Flamand Joos Van Cleve et le Français François Clouet.

Quelles étaient les résidences préférées du roi de France ? Dans les dix premières années de son règne, François séjourna surtout sur les bords de la Loire. La beauté de la vallée avec ses vergers, ses champs et ses forêts, avait de quoi le retenir. Il avait grandi à Amboise puis, jeune roi, vécu à Blois, demeure d'enfance de la reine Claude et dont bientôt les dimensions lui parurent insuffisantes en raison de l'importance croissante de sa maison. Il décida d'ajouter au vieux château de Charles d'Orléans, qu'avait déjà agrandi Louis XII, une aile nouvelle qui répondit aux aspirations du siècle en donnant clarté et lumière. Les travaux furent confiés à un maçon du pays, Jacques Sourdeau, qui reçut sans

△ **Portrait de François Ier.** Sans doute Charles l'emportait-il en puissance sur le roi de France, mais celui-ci le surpassait en prestige. Son aisance, son allure chevaleresque, son amour des arts et de la beauté séduisirent toujours les foules. Musée Condé, Chantilly.
Phot. Jean Vigne.

doute les conseils de l'Italien Domenico da Cortona pour la décoration : si l'architecture restait gothique, les bandeaux soulignant les étages, les cannelures et les rinceaux étaient d'inspiration italienne, et l'ensemble, avec la tour ajourée abritant l'escalier à vis, fut une merveille d'invention, sorte de décor de parade où le roi, descendant majestueusement les marches, se montrait par les larges baies aux yeux admiratifs de sa Cour.

À peine la facade était-elle achevée que le roi jugea les logements encore insuffisants et qu'il voulut les doubler d'un bâtiment supplémentaire et parallèle, ouvert sur l'extérieur.

Les plans italiens furent interprétés par les maçons français et de la combinaison surgit cette magnifique façade des Loges qui donne l'illusion de galeries à l'italienne. Durant ses brefs séjours, le roi habitait au second étage et les galeries sur la cour servaient aux réceptions. La reine Claude et ses enfants occupèrent le premier étage. La décoration intérieure fut merveilleusement soignée. Et aujourd'hui encore, le cabinet à décors de lambris, improprement appelé cabinet de Catherine de Médicis, en offre un remarquable exemple. Les panneaux sculptés sont restés presque intacts.

De Chambord à Fontainebleau. C'est à Chambord que le roi donna libre cours à son goût de la grandeur, du faste et de la beauté. Si Blois restait encore de dimensions modestes, le roi voulait aménager le cadre somptueux de ses fêtes, symbole de sa puissance. Les travaux commencèrent en 1519 et durèrent plus de vingt ans, mobilisant vingt mille ouvriers. On fit dériver la petite rivière du Cosson autour du château et on l'élargit pour permettre à la Cour de s'y promener en barque. Dans l'immense forêt de 5 000 hectares où le roi s'en allait chasser, de grandes allées furent percées. Quant au château, dont on

◁ **Une réunion galante aux portes de Paris.** Les « joyeux devis », les jeux poétiques et musicaux, les devinettes parfois fort lestes faisaient partie de la vie sociale d'alors. Ces exercices d'esprit, dont le thème était toujours l'amour, constituaient une sorte de joutes où l'on cherchait à montrer qu'on était digne d'entrer en « royaume de courtoisie ». De ce temps, a-t-on dit, date « le grand train de la conversation française ». Musée Carnavalet.
Phot. Giraudon.

△ **Baldassarre Castiglione.** L'auteur du *Courtisan* marqua profondément son temps. Soldat, artiste, diplomate, il aida les nobles d'Europe à se pénétrer des nouvelles valeurs d'Occident : bienséance, culture, vie sociale, respect de la femme... Peinture de Raphaël. Musée du Louvre.
Phot. Lauros-Giraudon.

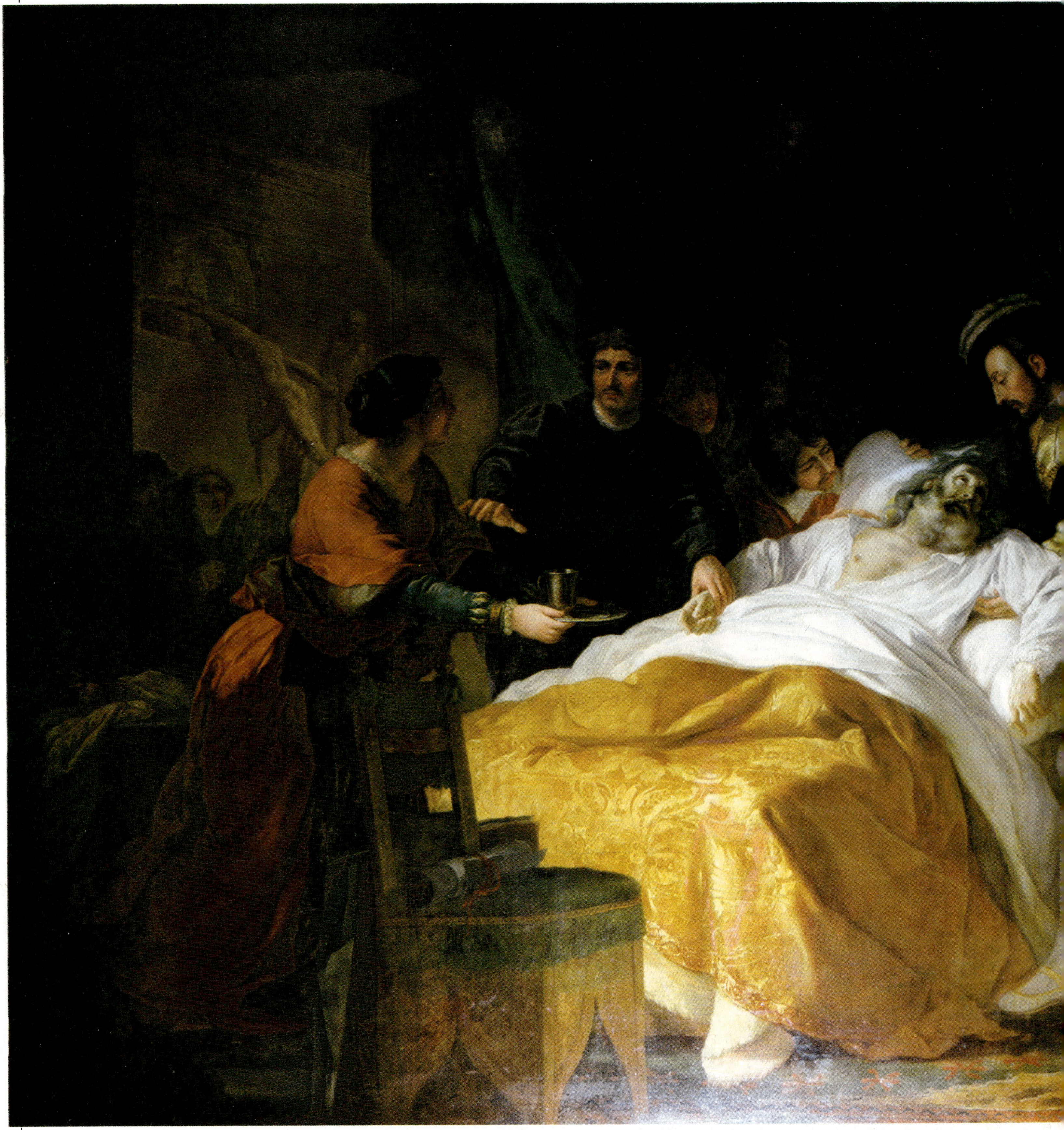

△ **La mort de Léonard de Vinci.** Âgé, la main engourdie par les rhumatismes, il ne pouvait plus guère peindre. À Amboise, il étudia des projets d'assainissement de la Sologne, il organisa des illuminations pour les fêtes royales, il construisit des automates. Sa mort causa un immense chagrin au roi, qui, selon Giorgio Vasari, fut présent à ses derniers moments. Peinture de F. Ménageot. Musée de l'hôtel de ville d'Amboise.
Phot. Studio Henry - Musée d'Amboise.

ignore précisément l'architecte, il fut construit par des maçons français qui allièrent le génie italien au goût français en un mélange unique de château gothique à sa base et de décor italien dans les terrasses. L'escalier à vis double déroulant ses deux rampes indépendantes et entrelacées fut inspiré par Léonard de Vinci. Les contemporains ne s'y trompèrent pas, qui n'avaient jamais rien vu

L'escalier du château de Blois. Il fut ajouté, semble-t-il, lorsque le travail de la façade était déjà presque achevé, sans souci de symétrie. Il s'élève selon l'ancien système à vis, jusqu'en haut de l'édifice, mais, au lieu d'être fermé, il s'ouvre sur la cour par de larges baies. Une balustrade, ornée de fines sculptures de cygnes et de salamandres, court le long des degrés. La voûte intérieure se termine en un dôme surbaissé, chef-d'œuvre de l'époque.
Phot. Phédon Salou-Artephot.

Le château de Chenonceaux. La galerie à cheval sur le Cher fut construite sous Catherine de Médicis. Sous François Ier, Chenonceaux n'était encore qu'un gracieux manoir flanqué de tourelles en encorbellement, qui s'appuyait sur deux piliers dans le lit du Cher. Le roi y vint plusieurs fois pour chasser, en compagnie du Dauphin, de la Dauphine et de Diane de Poitiers.
Phot. P. Trétrel-Explorer.

de si grandiose. « Un des miracles du monde », écrit Brantôme. Et Rabelais puisa là des éléments de sa description de l'abbaye de Thélème.

Le roi ne se cantonnait pas au Val de Loire. Sa passion de la chasse l'entraînait de forêt en forêt. Dès 1527, il délaissa Chambord, inachevé, pour Fontainebleau, vieux château qui servait de rendez-vous de chasse aux Capétiens. Il fit raser la bâtisse, sauf le donjon, et édifia sur les traces de l'ancienne enceinte un ensemble de bâtiments où l'on entrait par une porte monumentale, la porte Dorée. Les Français Gilles Le Breton et Pierre Girard furent les maîtres d'œuvre, mais la décoration intérieure fut italienne, confiée au Rosso et au Primatice, dont le génie inspira ensuite tant d'artistes français « de l'école de Fontainebleau », qui apprirent d'eux l'art de la fresque et l'usage du stuc. Si les appartements privés royaux restaient de taille modeste, l'admirable grande galerie reliant le donjon au nouveau corps de logis fut une somptueuse salle d'apparat, ornée de fresques allégoriques, où la Cour pouvait se réunir pour danser. L'étage supérieur de la galerie, éclairé par treize hautes fenêtres, abritait une magnifique bibliothèque, orgueil de François Ier, qui envoya des émissaires à travers toute l'Europe pour qu'ils lui rapportassent des livres précieux. Les jardins, enfin, avec des parterres géométriques semés de statues antiques et de rangées de buis, les grottes, les étangs et les cascades offraient à la Cour éblouie de rafraîchissantes promenades.

Le roi bâtisseur ne s'arrêta pas là. La construction du château de Boulogne (surnommé « château de Madrid » en raison de la captivité), à proximité d'une vaste forêt, fut commencée en 1528 et confiée à Girolamo della Robbia et à un Tourangeau, Pierre Gadier ; les travaux traînèrent et François ne vit pas leur achèvement. Il fit aussi édifier Saint-Germain et Villers-Cotterêts, et rajeunir de vieilles demeures. À son exemple, les grands serviteurs de l'État entreprirent de moderniser leurs résidences dans le goût du jour de sorte que la France se couvrit de nombreux châteaux.

L'ami des lettres. Passionné d'architecture, amateur de peinture, François fut aussi l'ami des lettres. Comme les humanistes de son temps, il considérait que les connaissances rendent l'homme meilleur. La Renaissance fut une « rénovation de l'homme », tant intellectuelle que morale. Aussi le roi encouragea-t-il

△ **Portrait de Francois Ier.** Il fut exécuté par Jean Clouet, qui fut peut-être le créateur du genre. Il a rendu ici la majesté royale et la séduction d'un visage noble, au fin sourire. Musée du Louvre. *Phot. Lauros-Giraudon.*

Le château de Chambord. ▷ Le roi y vint pour chasser, mais il n'y fit que de courts séjours. Longtemps inachevée, difficile à chauffer avec ses galeries ouvertes, ses 440 pièces et ses 83 escaliers, cette fastueuse demeure fut surtout un décor pour les fêtes du règne et une halte durant les chasses. Sur une fenêtre, Brantôme lut cette inscription attribuée au roi : « Souvent femme varie »... *Phot. Jean-Paul Nacivet-Explorer.*

activement les recherches et la diffusion du savoir. Il commanda des ouvrages aux érudits : Jacques Amyot, sur son ordre, fit une traduction de Plutarque, Lazare de Baïf écrivit sa *Vie des hommes illustres.* Il fit traduire les *Adages* d'Érasme qu'il appela vainement auprès de lui. Il soutint les imprimeurs et confia sa bibliothèque à Guillaume Budé, qui fut vraiment le promoteur de l'humanisme érudit en France.

Un des instruments de cette renaissance fut sans nul doute la création du Collège royal, embryon du Collège de France. Il s'agissait dans l'esprit du roi et de ceux qui le conseillaient de fonder un établissement indépendant de la Sorbonne, où l'on enseignerait toutes les connaissances humaines. Le projet amorcé en 1520 traîna et Budé adjura le roi, après la paix des Dames, de passer aux actes. En 1530, François Ier annonça donc la nomination de lecteurs royaux, rémunérés sur le trésor public. Au début

△ **La toilette de Vénus.** Cette peinture fut l'œuvre de l'école de Fontainebleau qui travailla sous l'impulsion des artistes italiens, le Primatice, Rosso, Dell'Abate. Les sujets mythologiques, les formes alanguies et sensuelles, un certain maniérisme viennent d'Italie. Musée du Louvre.
Phot. Lauros-Giraudon.

◁ **La salle de bal à Fontainebleau.** Gilles Le Breton, sur un dessin de Serlio, en réalisa l'ordonnance. Cinq fenêtres donnent sur la cour ovale et cinq sur le jardin, percées dans des embrasures de trois mètres. Les murs du fond abritaient une cheminée et une tribune destinée aux musiciens. Philibert Delorme modifiera la salle.
Phot. Lauros-Giraudon.

◁ **Guillaume Crétin présente son œuvre à François Ier.** Chantre de la Sainte-Chapelle et historiographe du roi, il composa sur son ordre des *Chroniques de France.* Animé d'une curiosité toujours nouvelle, François encouragea la quête de la vérité et protégea les érudits. Sous son règne, l'histoire, la géographie, la médecine, avec Ambroise Paré, connurent un réel essor. Au Collège royal, des lecteurs enseignèrent les langues mortes, le latin, le grec et l'hébreu, et les langues orientales, ainsi que les mathématiques. Bibliothèque nationale, Turin.
Phot. Roger-Viollet.

cinq chaires furent ouvertes, deux de grec, deux d'hébreu, une de mathématiques ; une sixième fut créée en 1531, et bientôt on en compta dix, comprenant l'éloquence latine, la médecine, la philosophie. L'université de Paris vit d'un très mauvais œil cette concurrence et, en 1534, fit tout pour la contrecarrer. Mais le roi tint bon, fit arrêter les poursuites et s'engagea à donner un bâtiment propre à ce « collège des trois langues ». Faute de crédits les actes ne suivirent pas les intentions...

De nombreux poètes fréquentaient la Cour, Mellin de Saint-Gelais, Clément Marot, Germain Brice. Le roi lui-même se plut à composer des sonnets. Contre la lourde scolastique médiévale de la Sorbonne, il soutint Rabelais lorsque celui-ci publia le *Tiers Livre de Pantagruel* et il lui accorda plus tard un poste officiel. Par son goût pour la culture, par sa soif de connaissances, par sa prédilection pour l'histoire et les sciences naturelles, François fut l'exemple de l'homme de la Renaissance, comme sa sœur Marguerite, alors reine de Navarre, en fut une des femmes les plus accomplies : auteur de poèmes, de comédies, et de son célèbre recueil *l'Heptameron,* qui imitait le *Décaméron* de Bocace, elle témoigna de cette ouverture aux idées nouvelles, de cette culture néoplatonicienne et de cette sensibilité délicate qui furent celles de son siècle.

La découverte du Canada. De toutes les soifs de connaissances qui s'éveillèrent au XVIe siècle, celle des continents nouveaux ne fut pas la moindre. François Ier, dès 1523, confia au Florentin Verrazzano la mission d'atteindre le fabuleux Cathay avec l'aide financière de marchands italiens de Lyon. En fait, Verrazzano découvrit l'estuaire de l'Hudson. Neuf ans plus tard, en août 1532, au cours d'un pèlerinage au Mont-Saint-Michel, le roi se fit présenter un pilote malouin expérimenté, Jacques Cartier. Il avait lu attentivement le récit de Verrazzano sur l'Amérique qui produisait « des drogues, liqueurs aromatiques et autres richesses, l'or notamment, car la terre en a la couleur », et il proposa à Cartier d'aller à la recherche de cette terre merveilleuse et de tenter de découvrir ce mystérieux passage vers le Cathay toujours introuvable.

△ **Portrait de Rabelais.** il fut moine et tâta de la médecine avant d'écrire. Le regard vif, la bouche sensuelle trahissent l'amour de la vie, et le grand front est celui d'un intellectuel. Les contemporains ne comprirent pas la force de sa satire, pas plus qu'ils ne goûtèrent la verdeur inventive de son verbe. Faculté de médecine, Paris.
Phot. Lauros-Giraudon.

▽ **Reliure de la *Sacra latina.*** Imprimeurs et relieurs prospérèrent sous le règne. Robert Estienne, le célèbre imprimeur, contribua à propager des éditions latines de l'Écriture. Musée Condé, Chantilly.
Phot. Giraudon.

△ **Portrait de Clément Marot.** Le poète échappa à bien des poursuites grâce à la protection de Marguerite de Navarre, qu'il chanta en ces termes : « Corps féminin, cœur d'homme et tête d'ange. » Il a introduit en France le sonnet, et sa poésie, élégante, se teinte souvent de malice. Sa traduction des *Psaumes* de David lui valut d'être condamné par la Sorbonne. Peinture de Corneille de Lyon. Musée du Louvre.
Phot. Jean Vigne.

Les 6 000 livres octroyées par le roi permirent à Cartier d'équiper deux navires et de recruter une soixantaine de marins. Le 27 mai 1534, la flottille atteignit Terre-Neuve et mit le cap vers le sud. Le 5 septembre le Malouin était de retour en France après avoir découvert la bouche du Saint-Laurent. Son deuxième voyage eut lieu en mai 1535. Cette fois l'expédition, plus importante, comprenait trois bateaux et cent dix hommes. Cartier longea le Labrador et retrouva l'embouchure du Saint-Laurent, qu'il remonta jusqu'à Stadacone, la future Québec, et même jusqu'à Hochelaga, future Montréal. Le Français noua d'excellentes relations avec les Indiens, au point qu'il resta sur place plusieurs mois. Son périple le convainquit que le grand fleuve n'offrait pas de passage vers la Chine et que Terre-Neuve était une île.

À la mi-juillet 1536, Cartier débarqua à Saint-Malo, après un périple de quatorze mois. Il rapportait des informations considérables sur la côte et les fleuves. Il présenta au roi des Iroquois, qu'il avait ramenés à bord — et qui ne s'acclima-

Jacques Cartier découvre le Saint-Laurent. L'Europe s'intéressait surtout aux Indes, aussi lorsque Cartier affirma que le passage du Nord-Ouest n'existait pas, le roi se désintéressa du Canada. Les expéditions eurent l'avantage de développer les villes portuaires. Peinture de Gudin. Château de Versailles.
Phot. Bulloz.

Portrait de Jacques Cartier. Le goût de l'inconnu attira l'aventureux Malouin. Il découvrit, au cours de trois voyages successifs, le fleuve du Saint-Laurent, qu'il remonta jusqu'au-delà de Montréal. Avant lui, les frères Cabot avaient signalé l'existence du Canada. Archives nationales, Paris.
Phot. Bulloz.

Le planisphère d'Orontius. Ainsi voyait-on le monde au XVIe siècle. Le public cultivé se passionna pour les explorations et les découvertes, qui permirent de grossir les connaissances géographiques. On imprima alors cartes et atlas. B. N.
Phot. Jean Vigne.

tèrent guère ! —, et il lui montra de la fourrure et des pépites d'or. Mais François, déçu par l'absence de passage vers le Cathay et surtout préoccupé par ses affaires politiques, différa la prochaine expédition. Ce ne fut que cinq années plus tard que Cartier put armer à nouveau des bateaux et, en août 1541, il arriva à Stadacone. Sans doute le mirage de l'or continuait-il à fasciner les esprits, mais déjà on songeait à une possible colonisation et deux jeunes Français furent laissés sur place et confiés à un chef indien pour qu'ils apprissent sa langue. Cartier passa l'hiver au Canada. En juin 1542, il décida de rentrer en France, mais son retour fut suivi d'une immense déception : on s'aperçut que les pépites d'or et les diamants qu'il rapportait n'étaient que de la pyrite de fer et du quartz. Sa disgrâce fut complète. Le roi de France se désintéressa du Canada et l'aventureux marin mourut dans un complet oubli.

Une diplomatie active. Pendant cette longue trêve que connut la France, le roi n'avait nullement abandonné toute idée de revanche — la reprise du Milanais le préoccupait toujours — et il déploya une grande activité diplomatique. L'Europe était loin d'être calme. Les Turcs avançaient à grands pas en Europe centrale au point de menacer Vienne (1529). En Allemagne, Charles Quint avait à affronter de grosses difficultés : la doctrine de Luther gagnait beaucoup de terrain et l'élection, en janvier 1531, de Ferdinand d'Autriche, souverain de Bohême et roi de Hongrie, comme roi des Romains, provoquait l'inquiétude des princes luthériens : ceux-ci ripostèrent aussitôt en s'unissant en mars 1531 dans une ligue, la ligue de Smalkalde. Sur les deux fronts — les Turcs et les princes allemands —, François vit le parti qu'il pouvait tirer pour affaiblir son rival. Montmorency avait utilisé un réseau de renseignements pour surveiller les faits et gestes de l'empereur et lorsque, en 1531, la ligue de Smalkalde fit appel à l'aide française, le roi lui envoya aussitôt une mission d'exploration. Les négociations aboutirent le 26 mai 1532 à un

Le mariage du dauphin ▷ Henri et de Catherine de Médicis. Il scellait l'alliance de François Ier et de Clément VII, qui acceptait ainsi implicitement de reconnaître les droits français sur le Milanais. Le pape, oncle de la mariée, se réjouissait qu'une Médicis entrât dans la famille du roi de France. François, lui, fut satisfait de la mine éveillée de cette jeune Florentine de 14 ans, qui aimait la chasse et tirait à l'arbalète. Il l'admit bientôt dans sa « petite bande ». Le mariage fut célébré à Marseille par le pape, et le roi conduisit à l'autel l'épousée, vêtue de brocart. Musée Médicis, Florence.
Phot. Bulloz.

△ **Charles Quint et son frère Ferdinand.** Lassé des querelles allemandes et déçu par le peu de résultat de la diète de 1530, Charles fit élire son frère, souverain de Bohême et de Hongrie, roi des Romains en 1531 et lui confia le gouvernement de la Souabe et du Wurtemberg. Mais les princes germaniques ne désarmèrent pas. Ils se réunirent à Smalkalde, en Thuringe, et lancèrent un appel à François Ier et à Henri VIII.
Phot. Bildarchiv Preussischer Kulturbesitz.

traité signé à Scheyern entre la France et les princes révoltés. Le roi d'Angleterre entrait également dans l'alliance : celui-ci, alors en instance de divorce avec Catherine d'Aragon, espérait bien que François userait de son influence auprès du pape pour faire annuler son mariage, influence d'autant plus efficace que le roi de France s'apprêtait en effet à marier son fils Henri avec la nièce du souverain pontife, Catherine de Médicis. En vérité, la manœuvre échoua, Clément VII n'osant pas déplaire à Charles Quint, et son refus plongea l'Angleterre dans le schisme. Le mariage du Dauphin eut lieu, en revanche, le 28 octobre 1533, dans la liesse générale...

Du côté turc, le roi de France fit également d'audacieuses avances. Depuis 1526, diverses ambassades avaient été envoyées au Sultan et celui-ci, manifestant son intérêt, avait promis de faire « délivrer le roi de France », lorsqu'il avait appris la captivité de Madrid. Huit ans plus tard, en novembre 1534, onze trirèmes turques abordèrent à Marseille, sur ordre du fameux pirate Khayr al-Dīn, Barberousse, au service du sultan Soliman le Magnifique. Sous les yeux ébahis de la population, ils s'installèrent un mois dans la ville, puis ils rejoignirent en ambassade le roi qui se trouvait à Châtellerault. Ainsi François Ier ne se trouvait-il plus seul face à Charles Quint.

△ **Soliman le Magnifique.** « Commandeur des croyants », il assura la grandeur de l'Empire ottoman en lançant ses armées dans la plaine hongroise et sa flotte en Méditerranée. Istanbul, Bibliothèque de Topkapı. *Phot. Giraudon.*

Création du Collège des notaires et secrétaires du roi. Le roi était d'abord le justicier suprême. De cette tâche découlaient ses pouvoirs de commandement et de législation, et toutes les fonctions de police, de défense et de sécurité. Comme il ne pouvait exercer en personne toutes ces fonctions, il déléguait à des officiers une portion de son autorité. Les « notaires, secrétaires du roi », chargés de rédiger les actes délibérés au Conseil, sous l'autorité du chancelier, acquirent une importance croissante. Leur collège comptait 59 membres, dont certains, comme Florimond Robertet, furent ministres. Bibliothèque de l'Arsenal, Paris.
Phot. Jean Vigne.

Le drame de la Réforme

Les guerres, les voyages, les progrès techniques et industriels, le goût pour le savoir et le retour aux idéaux antiques, enfin le réveil de l'esprit critique et la mise en question des dogmes et de l'autorité de l'Église façonnèrent l'homme du XVIe siècle. De toutes ces mutations se dégagea une nouvelle conception du monde pleine de contrastes : la Renaissance favorisa l'épanouissement personnel, la promotion de l'individu en permettant toutes sortes de carrières et de réussites remarquables, mais elle vit aussi le renforcement de l'État et de l'absolutisme. Elle exalta la sensualité, la beauté du monde visible à travers l'art, mais elle refusa le culte des images et l'idolâtrie païenne. Elle témoigna d'un fort dynamisme dans sa recherche du progrès, sa quête du luxe et des richesses, mais, en même temps, elle découvrit la solitude, la mélancolie, la peur de la mort en s'interrogeant avec angoisse sur le problème du salut et de la liberté individuelle.

De ces contrastes, la division du monde chrétien fut un signe tragique. Depuis que frère Martin Luther eut affiché ses 95 thèses sur les murs de l'église de Wittenberg en 1517, la faille se creusa très vite. Le culte réformé gagna des positions solides en quelques années. Il s'installa à Strasbourg autour de 1523-1524, il conquit une grande partie de la Suisse, divisa les Pays-Bas. À partir de 1530, les princes allemands entrés dans la ligue de Smalkalde furent en guerre ouverte contre les troupes de Charles Quint. Le roi d'Angleterre Henri VIII, parce que le pape avait refusé d'annuler son mariage, rompit avec Rome, qui l'excommunia (1534). Les idées de la Réforme pénétrèrent à la cour de Ferrare chez la fille de Louis XII et, en Espagne, à Séville. Le nouveau pape, Paul III, tenta, certes, de répondre aux inquiétudes spirituelles de son temps en convoquant un concile à Trente (1545), mais l'assemblée des évêques, en rejetant tout dialogue avec les protestants, durcit encore la cassure et le concile n'eut rien d'œcuménique.

Et la France ? François Ier, qui régnait depuis vingt ans, oscillait entre plusieurs attitudes. En prince porté à l'autorité, en homme de la Renaissance, il sut créer un État fort et donner au pays un cadre juridique et économique favorable au progrès. Sa politique religieuse fut beaucoup plus hésitante, liée à sa diplomatie. D'abord ami des luthériens, il laissa bientôt s'instaurer une répression odieuse lorsqu'il eut besoin de l'appui du pape et qu'il se rapprocha de Charles Quint. Enfin, la conquête du Milanais, ressort de toute sa politique, l'entraîna à nouveau dans des guerres ruineuses qui affaiblirent le royaume et dans cette alliance franco-turque, si provocante aux yeux du monde chrétien.

△ **Luther prêchant à l'église Sainte-Marie de Wittenberg.** Plus d'autel, plus de table de communion : la prédication se fait dans une église austère et dépouillée, où la chaire occupe la place centrale. Comme c'est le sacrifice de la Croix et la foi seule en la parole du Christ qui sauvent le pécheur, le rôle des sacrements est dévalué et, par conséquent, la hiérarchie ecclésiastique perd une partie de ses pouvoirs spirituels. Luther, partant de là, déniait leur valeur définitive aux vœux monastiques et autorisait le mariage des prêtres. Retable de Lucas Cranach l'Ancien. Wittenberg, église Sainte-Marie. *Phot. Jürgens-Giraudon.*

Entre paix et guerre

◁ **Francois Ier assiste à une procession.** Hostile à tout fanatisme, il hésita longtemps avant de sévir contre les luthériens, mais l'affaire des Placards le décida à la répression. Une solennelle procession expiatoire fut organisée à Paris. La population se massa sur le parcours et criait des fenêtres des maisons : « Sire, faites bonne justice ! » Ce soir-là, six bûchers s'allumèrent et les prisons désormais ne cessèrent de s'emplir. Miniature du XVIe siècle. Musée Condé, Chantilly.
Phot. Jean Vigne.

Un autodafé. Le bûcher était le supplice infligé aux hérétiques, mais, lorsque le coupable manifestait un repentir, il était étranglé avant d'être jeté aux flammes. L'une des premières victimes, Louis de Berquin, un humaniste picard, fut brûlé en 1529 sur l'ordre du parlement de Paris, qui profita de l'absence du roi. La répression toucha toutes les classes sociales, mais surtout les petites gens, un batelier de la Seine en 1529, des ouvriers en toile, à Valenciennes, en 1531, deux cordonniers, un tisserand, un bonnetier, un menuisier, un teinturier en 1534-1535. Beaucoup étaient très jeunes. B. N.
Phot. Coll. Viollet. ▽

Au petit matin du 18 octobre 1534, lorsque le roi se réveilla dans son château d'Amboise, il eut la désagréable surprise de voir fixé sur les portes mêmes de sa chambre un placard intitulé : « Articles véritables sur les horribles, grands et insupportables abus de la messe papale, inventée directement contre la Sainte Cène de Notre-Seigneur. » Le même jour, à Paris et dans plusieurs villes de province, on découvrit les mêmes placards apposés aux murs. L'affaire était grave : outre qu'elle avait été soigneusement orchestrée, elle prenait pour cible le roi lui-même et dénotait dans sa préparation des complices jusque dans l'entourage royal.

Devant la grandeur de l'offense, François fit éclater son courroux. Des processions réparatrices furent organisées les jours suivants dans Paris et, le 21 janvier 1535, le roi demanda une procession générale, qui se rendit de Saint-Germain-l'Auxerrois à Notre-Dame de Paris. Toutes les maisons le long du cortège allumèrent des torches de cire et on avait édifié des reposoirs aux carrefours. Paroisse après paroisse, les bourgeois défilèrent en marchant deux par deux. Puis vinrent les ordres mendiants, les prêtres, les chanoines. La reine Éléonore avançait sur une haquenée, vêtue de velours noir en signe d'humilité. Le roi, en noir également, marchait à pied. Les précieuses reliques des saints protecteurs étaient sorties de

△ **Le cardinal Jean du Bellay.** Nommé cardinal en 1535, il jouit de la faveur de François Ier, qui l'envoya comme ambassadeur auprès d'Henri VIII et du pape Paul III. Ami des humanistes, protecteur de Rabelais, il souhaitait une politique de conciliation, et le roi l'utilisa dans ses négociations avec les princes protestants d'Allemagne. Château de Beauregard.
Phot. Patrick Lorette.

leurs autels, celles de saint Marcel et de sainte Geneviève, patrons de Paris, portées dans leur châsse. L'évêque de Paris, Jean du Bellay, portait le saint sacrement abrité sous un dais de velours que soutenaient les fils du roi. Puis venaient les membres du parlement, les échevins, les gardes et archers. La cérémonie dura des heures. Solennellement le roi promit devant l'Université, le parlement et tous les notables qu'il extirperait du pays « la pourriture luthérienne ». Le soir même, six hérétiques furent brûlés.

Une vague de répression. En une dizaine d'années, le climat s'était gravement détérioré. Dès 1521, l'excommunication de Luther avait durci les positions ; si certains humanistes comme Briçonnet, évêque de Meaux, avaient affirmé bien haut leur orthodoxie au sein de l'Église catholique, d'autres s'étaient rapprochés des positions protestantes et déjà certains, comme Guillaume Farel, s'étaient exilés. L'intransigeance de Noël Béda dans la répression et les pour-

◁ **Luther entre Volupté et Liberté.** Frère Luther se maria en 1525 avec une ancienne religieuse, Catherine de Bora, qui lui donna six enfants. Les polémistes catholiques en profitèrent pour le présenter comme un homme débauché, qui passait sa vie à table en buvant et en faisant des plaisanteries grossières. En fait il fut attaché à sa femme, accueillit les pauvres à sa table et resta toute sa vie un grand travailleur, que torturaient parfois des angoisses. Musée Condé, Chantilly.
Phot. Lauros-Giraudon.

Luther écrit sur une porte avec une grande plume qui renverse la tiare pontificale. ▷ Les sentiments antiromains, liés au discrédit de la papauté au XVIe siècle, étaient alors très répandus en Allemagne. Selon Luther, la véritable Église devait être toute intérieure et le sacerdoce universel de tous les chrétiens remplaçait la hiérarchie ecclésiastique. Avec les années, le réformateur durcit son ton et ses attaques devinrent de plus en plus violentes contre l'Antéchrist, « la papauté fondée à Rome par le diable ». Luther avait cinq ennemis, qu'il ne cessait de pourfendre : le pape, les anabaptistes, les Turcs, les Juifs et le diable. B. N.
Phot. Giraudon.

suites entamées par la commission du parlement provoquèrent en retour de nouvelles violences de la part des réformés : le pape devenait l'Antéchrist, Rome « la grande prostituée » et les catholiques des idolâtres. Lorsque les luthériens brisèrent à Paris, en 1528, une statue de la Vierge, le roi exigea des poursuites contre les coupables et réclama une cérémonie expiatoire. En 1529, le parlement profita de l'absence royale pour emprisonner à nouveau Louis de Berquin, qui fut condamné à être brûlé en place de Grève le 17 avril 1529. Les théologiens, Béda en tête, ne se gênèrent pas pour entamer des poursuites contre des modérés tels que Roussel, aumônier de Marguerite ; ils s'attaquèrent même à la personne de la reine de Navarre, dont le *Miroir de l'âme pécheresse,* publié anonymement, avait choqué la Sorbonne (1531). Sans doute allèrent-ils trop loin car Marguerite se plaignit devant son frère et François exila Béda de Paris en lui interdisant de prêcher... Le parlement prendrait bientôt sa revanche.

En fait, au début des années 1530, le roi, partagé entre des influences diverses, celles de sa mère, de sa sœur, de sa maîtresse la duchesse d'Étampes, porté naturellement au libéralisme, temporisa et tenta avec l'évêque Jean du Bellay une politique de conciliation. Brève accalmie. En 1533, l'année du mariage de la nièce du pape, Catherine de Médicis, avec le dauphin Henri, le roi, soucieux de ne pas déplaire au souverain pontife, laissa à nouveau le parlement exercer ses rigueurs : le recteur de l'Université Nicolas Cop, connu pour ses idées réformistes, et Jean Calvin, gradué en droit et auteur d'un discours avancé, furent poursuivis ; le premier se réfugia à Bâle, le second s'enfuit à temps, mais les archers du parlement confisquèrent ses livres. Également en 1533, pour faire plaisir au pape, le roi autorisa le retour de Béda et les arrestations se multiplièrent.

Quand éclata en 1534 l'affaire des Placards, les passions étaient si échauffées, les réformés mettaient si ouvertement et si violemment en cause le pape, la messe, le culte de la Vierge et l'intercession des saints que François, jugeant l'autorité royale atteinte, autorisa le parlement et l'Université à poursuivre une répression implacable. Des perquisitions eurent lieu dans toutes les classes de la société. Marot dut se réfugier auprès de Marguerite de Navarre.

△ **Melanchthon.** Il fut longtemps le disciple préféré de Luther, bien qu'il n'admît jamais tout à fait la théologie pessimiste du réformateur et maintînt la notion de liberté. Peinture de Cranach. Heidelberg, Kurpfälzisches Museum.
Phot. Candelier - Brumaire - Artephot.

◁ **Marguerite de Navarre.** Séduite par l'évangélisme de la Réforme, elle chercha à protéger ceux qui étaient acquis aux idées nouvelles. Ses opinions religieuses et ses amitiés compromettantes l'obligèrent à se retirer à Pau ou à Nérac, dans les États de son mari, roi de Navarre, où elle accueillit les réfugiés comme Marot ou Lefèvre d'Étaples. Musée Condé, Chantilly.
Phot. Jean Vigne.

En 1535 fut promulgué un édit sur l'imprimerie interdisant d'imprimer aucun livre nouveau sans visa ecclésiastique et autorisation royale. L'édit fut d'ailleurs rapporté quelques semaines plus tard. Les pouvoirs des commissaires furent renforcés et on encouragea même la population à dénoncer les hérétiques, en précisant toutefois que « les faux accusateurs » seraient punis autant que les coupables.

Après cette vague de répression née de l'indignation et de la peur, le roi voulut adoucir ces mesures dans l'espoir d'apaiser les princes réformés allemands, ses alliés. Il chercha à attirer Melanchthon, connu pour son esprit modéré. Et, à Coucy, il promulgua le 16 juillet 1535 un édit d'amnistie. Antoine Du Bourg, qui remplaçait Duprat au poste de chancelier, suspendit les persécutions et certains exilés comme Marot revinrent. Mais l'édit venait trop tard, tant était profonde la cassure. Bientôt, l'intervention du pape réconciliant François Ier et l'empereur (1538) allait renforcer les positions des catholiques les plus intransigeants.

Un puissant théologien, Calvin. La Réforme présentait-elle un danger pour l'État ? Elle était divisée en des tendances parfois contradictoires, et donc

affaiblie. Alors qu'en Suisse et en Allemagne l'agitation tournait à la révolte sociale, elle demeurait en France d'ordre religieux. Certes, les réformés recevaient leurs consignes de l'étranger, ce qui les apparentait quelque peu à des factieux, et on pouvait craindre que leur violence verbale croissante ne débouchât sur la violence politique.

En 1536 parut à Bâle le deuxième ouvrage d'un jeune docteur assez timide et réservé, Jean Calvin, ouvrage écrit en latin, que son auteur devait lui-même traduire en français et augmenter dans les années suivantes : l'*Institution chrétienne.* L'ouvrage était précédé d'une préface en français adressée à François Ier et dans laquelle Calvin expliquait son double propos : d'une part donner à la religion réformée ses règles doctrinales et pratiques, d'autre part démontrer que, concernant strictement le terrain religieux, les idées nouvelles ne menaçaient nullement l'autorité royale. Les réformés se soumettraient au pouvoir séculier, mais nul ne pouvait entamer le droit de leur conscience à la vérité. Au cours des chapitres, Calvin exposait les principaux thèmes du protestantisme, qui étaient déjà ceux de Luther : l'homme ne doit pas espérer son salut de ses œuvres mais de la seule grâce du Christ (thème de la justification par la foi et de la prédestination absolue) ; les sacrements n'ont pas d'efficacité intrinsèque — le Christ n'étant pas présent dans l'eucharistie —, mais ils agissent dans l'âme, comme signe de la promesse de Dieu. L'ouvrage, solidement argumenté, écrit dans une langue magnifique de force et de sobriété, « la nouvelle langue française », dira Michelet, espérait conquérir le roi et les catholiques ; en fait, il fortifia les protestants et toucha un large public lors de sa traduction en français en 1541.

Le climat se dégrada à nouveau lorsque le roi, surtout sensible à ses intérêts diplomatiques, se rapprocha du pape et de l'empereur : il voulut donner des gages de sa fidélité en concluant une sorte de pacte qui l'engageait à combattre l'hérésie. L'artisan de ce pacte fut

◁ **Pendaisons et massacres pendant les guerres civiles.** La Réforme fit de rapides progrès en Europe et la répression des princes catholiques fut terrible aux Pays-Bas, les anabaptistes furent pourchassés, martyrisés, pendus sur les ordres de Charles Quint. B. N.
Phot. Jean Vigne.

Calvin. Après avoir fait ses études au collège de Montaigu, à Paris, il suivit à Bourges et à Orléans des cours de théologie et rencontra des maîtres passés aux idées nouvelles. Il commença à s'afficher comme protestant en 1533 et il se réfugia à Bâle pour échapper aux poursuites. Là, il publia son *Institution de la religion chrétienne.* Le visage, méditatif sous la barbe fournie, exprime une énergie résolue. Musée du Protestantisme français, Paris. ▷
Phot. Bulloz.

Montmorency. Dès la fin de 1538, François fit défense de « dogmatiser, prescher, tenir parole tant en privé qu'en public sous peine de confiscation et de mort ». Le 24 juin 1539, un nouvel édit instituait des mesures bien précises : l'hérésie était un crime qui mettait le coupable hors la loi. Les agents de la justice avaient droit de perquisition chez toutes les personnes, même ecclésiastiques, la délation était encouragée ; la répression s'étendit dans tout le royaume. La « disgrâce » de Montmorency, évincé par la duchesse d'Étampes, ne changea rien à l'affaire : en 1542, la Sorbonne dressa une liste d'ouvrages interdits où figuraient pêle-mêle les noms de Luther, Calvin, Marot, Melanchthon... tandis que la faculté de théologie rédigeait un texte de 25 articles, approuvés par le roi, base de la doctrine catholique. De son côté, Calvin, rappelé de Bâle à Genève par Guillaume Farel, prêchait à des auditeurs de toutes

nations la doctrine réformée et instituait sa nouvelle Église vers laquelle venaient des persécutés de toute l'Europe.

Entre les Turcs et l'empereur. Dans une ordonnance de 1540, le roi de France formula le vœu qu'« en son royaume très chrestien soit toujours continue, gardée,

◁ **Luther en compagnie d'humanistes et de réformateurs :** Eber, Forster, Bugenhagen, Érasme, Jonas et Krusiger. Beaucoup virent dans le moine allemand un libérateur de la vie religieuse. Ils adhérèrent à sa doctrine et diffusèrent ses idées. Des artistes tels que Dürer, les Cranach ou Holbein, quittèrent à sa suite l'Église romaine, à laquelle Érasme resta au contraire fidèle. La bourgeoisie des villes pencha davantage pour la Réforme que les milieux ruraux. Les disciples de Luther idéalisèrent le réformateur au point de le présenter comme un ange venu abattre l'Antéchrist. Copie d'un tableau de Lucas Cranach.
Phot. Archiv für Kunst und Geschichte.

Le connétable de Montmorency. ▷ Il partagea la captivité de François Ier après la défaite de Pavie. Grand maître de l'hôtel, surintendant des Finances, il eut beaucoup d'influence sur le roi et joua presque le rôle de Premier ministre jusqu'en 1540. Il travailla à la réconciliation des souverains catholiques, mais ses intrigues, son intransigeance religieuse et l'échec de sa politique le firent exiler. Musée de Versailles.
Phot. R. M. N.

Allégorie de la Réforme. À la balance de Dieu, le moine ne pèse guère lourd, malgré la croix, la tiare et les clés de saint Pierre, symboles du papisme, face à celui qui se contente de lire la Bible et croit en la parole de Dieu. Car « le juste n'est pas celui qui fait beaucoup d'œuvres, mais celui qui, sans œuvre, croit beaucoup au Christ ». (Luther, *Paradoxes.*) B. N.
▽ *Phot. Edimedia.*

entretenue intégrité et sincérité de la foy catholique, qui est le principal fondement du royaume ». Si sourcilleux dans l'affirmation de sa position religieuse, François se montra beaucoup moins scrupuleux dans le choix de ses alliés. Barberousse, venu en émissaire de Soliman, fut accueilli en grande pompe à Paris et, au début de 1535, un ambassadeur français, Jean de La Forest, fut envoyé à Constantinople pour y exposer un plan de campagne conçu par le roi, destiné à reprendre les territoires arrachés à Cambrai. Ces contacts furent fructueux : l'alliance militaire conclue à l'automne ne reçut certes pas de prolongement concret, mais la France obtenait un avantageux traité de commerce signé en février 1536 — traité aujourd'hui contesté — par lequel le Sultan lui accordait le monopole du grand commerce dans son empire ainsi qu'un protectorat moral sur les Lieux saints, assurant ainsi la liberté des pèlerinages.

La brusque expédition navale de Charles Quint en 1535 suspendit provisoirement tous ces beaux projets : le 29 mai, l'empereur, à la tête de plusieurs centaines de bateaux, s'embarquait à Barcelone et mettait le cap sur Tunis. Avec 12 000 hommes commandés par de grands capitaines comme Doria, des tonnes de provisions et de munitions, l'entreprise avait tout de la croisade. La flotte aborda en juin les côtes africaines, en vue de La Goulette, solide forteresse protégeant Tunis. Pendant trois semaines, les Espagnols en firent le siège dans des conditions très dures, par une chaleur torride et manquant d'eau. Enfin, le 14 juillet, la forteresse céda sous la charge des canons que commandait Charles Quint. Les bateaux de Barberousse, ses troupes

Le siège de La Goulette. Il s'acheva sur un triomphe. Les 82 vaisseaux de Barberousse furent coulés ou durent se rendre, et les Espagnols eurent la surprise de découvrir à bord des canons marqués de la fleur de lis, fournis par François Ier. B. N.
Phot. Lauros-Giraudon. ▽

◁ **Charles Quint à Tunis.** L'expédition contre Tunis se prépara en grand secret. L'armée impériale, embarquée sur une flotte importante, arriva le 15 juin 1535 en vue de La Goulette, le port fortifié protégeant Tunis et que défendait Barberousse avec 3 000 Turcs et autant de Maures. L'assaut ayant réussi, Charles Quint débarqua et marcha sur la ville. La température atteignait 50 °C et, faute d'attelage, les canonniers devaient traîner l'artillerie à bras. Ce furent les esclaves chrétiens qui, soulevés contre leurs maîtres, ouvrirent les portes de Tunis. L'empereur rétablit le bey Mūlāy Ḥasan sur le trône. Peinture de l'atelier de Nicolo Dell'Abate. Institut Courtauld, Londres.
Phot. Bulloz.

◁ **La prise de Tunis.** L'assaut de La Goulette, le 14 juillet, fut pour l'empereur son baptême du feu. Il conquit alors, par sa vaillance, un grand ascendant sur ses soldats. Débarquée à terre, l'armée impériale faillit être prise par surprise, alors qu'elle stationnait près d'un point d'eau : « Nous mourions de soif et de chaleur », écrivit Charles à sa sœur Marie. Il eut son cheval blessé sous lui. Entré dans Tunis, il fit libérer les esclaves chrétiens. Sa victoire eut un retentissement immense et l'empereur songeait déjà à prendre Alger. Musée historique de Besançon.
Phot. Lauros-Giraudon.

furent capturés et la ville de Tunis prise le 20. Aussitôt l'empereur y rétablit le bey Mūlāy Ḥasan et libéra 20 000 captifs : extraordinaire exploit contre l'infidèle, battu pour la première fois sur son propre terrain, en Méditerranée. Le prestige qu'en tira l'empereur fut immense et sa victoire ruina momentanément les plans de François Ier.

La situation du roi de France était certes délicate. Mais, par une diplomatie habile qui fut toujours un de ses talents, François parvint à maintenir des liens assez lâches avec le Sultan tout en tâchant, ouvertement, de s'entendre avec l'empereur. En 1536, ce qui le préoccupait le plus n'était certes pas la croisade contre l'infidèle, mais bien l'accroissement territorial du royaume et la reprise du Milanais. Le moment était opportun : le duc Francesco Sforza venait de mourir (1535) et sa disparition remettait encore une fois en question l'affaire milanaise. François essaya d'abord d'obtenir, par la diplomatie, le duché pour son deuxième fils Henri, mais la négociation échoua. Restait le recours aux armes. Il décida alors d'ouvrir la route de la Lombardie en s'emparant des États du duc de Savoie, qui s'était placé dans le parti de l'empereur. Le comte de Saint-Pol occupa sans difficulté la Savoie tandis que Chabot de Brion envahissait à sa suite le nord du Piémont à la tête de 6 000 lansquenets et de 12 000 légionnaires. En trois semaines, après quelques petits accrochages, son armée campait à Turin. La route de Milan s'ouvrait devant elle.

Qu'allait faire l'empereur ? Couvert des lauriers tunisiens, acclamé, il se trouvait alors à Rome. Lorsqu'il apprit la nouvelle, il appela les ambassadeurs français à comparaître devant lui. Solennellement, il prononça, en présence du souverain pontife, un discours extrêmement sévère, dans lequel il exigeait que le roi de France évacuât dans les vingt jours les États du duc de Savoie. En cas de refus, la guerre éclaterait, à moins que le roi n'acceptât de se battre en combat singulier. Cette dernière proposition n'avait pas plus de chance d'aboutir qu'en 1528, et François fit savoir qu'il recommencerait la guerre. Mais, cette fois — peut-être effet de la maturité et de l'expérience —, il renonça à attaquer et laissa Charles Quint prendre l'offensive et envahir la Provence. Montmorency, alors l'homme fort de l'entourage royal qui remplaçait Chabot de Brion, pratiqua devant l'ennemi une politique de terre brûlée, détruisant les récoltes, souillant l'eau des puits, brûlant les

△ François Ier vers 1535. L'alliance franco-turque donnait un nouvel atout au roi de France. Dans son regard, perce un peu de ruse. Mais la victoire de Charles Quint en Méditerranée devait suspendre ses projets et l'obliger à chercher un autre terrain de bataille. Musée Condé, Chantilly.
Phot. Jean Vigne.

Dévastation de la Provence. ▷ Le connétable de Montmorency, pour arrêter les troupes de Charles, pratiqua la politique de la terre brûlée, ôtant vivres et bétail, souillant l'eau des puits, brûlant les récoltes. La Provence devint un désert. Les troupes impériales firent une lamentable retraite, laissant derrière elles des milliers de morts, victimes de la dysenterie.
Phot. Coll. Viollet.

granges, ôtant vivres et bétail. Devant ce désert, les troupes impériales n'eurent bientôt plus qu'à faire retraite, laissant derrière elles « les chemins jonchés de morts et de malades » (Martin du Bellay). Pendant ce temps, l'armée française, bien nourrie et bien protégée, campait dans un grand camp retranché sous Avignon et consolidait les places fortes de la vallée du Rhône. L'hiver arrêta provisoirement cette lutte indécise et François mit à profit ce répit pour rattacher le nord du Piémont et la Savoie au royaume de France — ils resteraient français jusqu'en 1559.

La réconciliation. L'influence de Montmorency fut alors certainement décisive. Catholique intransigeant et partisan de la répression des réformés, tout dévoué à la reine Éléonore, nommé grand-maître de l'hôtel du roi, il n'avait cessé depuis plusieurs années de tra-

Le connétable de Montmorency. ▷ En 1535, il fut bien près de la disgrâce, car il préconisait une politique de paix. François lui rendit sa confiance en 1536, le chargeant de la défense de Marseille et de la Provence contre les Impériaux. Après la retraite espagnole, Montmorency reprit victorieusement le chemin de l'Italie, et Charles demanda une trêve car Soliman l'attaquait en Europe centrale. Pour remercier son capitaine, François Ier lui donna « l'estat de connétable » en une solennelle cérémonie qui eut lieu à Moulins le 10 février 1538, dans le fief même de l'ancien connétable de Bourbon. Le nouveau chef de l'armée prêta serment sur la relique de la croix et entendit la messe. Musée Condé, Chantilly.
Phot. Lauros-Giraudon.

vailler à la réconciliation avec l'empereur, contre l'alliance qu'il jugeait scandaleuse avec les Turcs. En vaillant soldat, en bon stratège, il avait mené les troupes françaises à la victoire en 1536, mais il continuait de préconiser une politique de paix. Aussi poussa-t-il François à porter davantage ses efforts de guerre sur les frontières du nord de la France. Efforts féconds : le grand maître put avancer jusqu'aux frontières des Pays-Bas. Une trêve signée à Bony le 31 juillet 1537 mit fin aux hostilités.

Mais François ne résistait pas longtemps à l'appel de l'Italie. Montmorency le retint autant qu'il put et finalement dut céder. Au mois d'octobre 1537, le Dauphin, poursuivant les avantages de l'année précédente, était prêt à occuper la totalité du Piémont. Ce fut alors que Charles Quint demanda une trêve : furieux des tergiversations françaises, Soliman avait en effet lancé son armée dans les plaines de l'Europe centrale. Menacé sur deux fronts, l'empereur devait nécessairement tenter de faire la paix avec son rival et essayer d'unir la chrétienté dans une nouvelle croisade contre les Turcs.

De fait, en février 1538, le pape, l'empereur et Venise entrèrent en ligue contre Soliman, rendant la position française de plus en plus délicate. Montmorency, fait connétable au cours d'une grande cérémonie à Moulins, le 10 février, travailla aussi à la réconciliation et François céda à la pression en se rendant à Nice afin d'y rencontrer le pape. Mais, tandis que le second ne songeait qu'à mettre fin aux divisions de la chrétienté, le premier dressait ses plans pour reprendre le Milanais. François finit par accepter de rencontrer l'empereur, qu'il n'avait pas revu depuis douze ans. Il y eut des préparatifs nombreux, des pourparlers préliminaires entre Montmorency, représentant le roi de France, et Granvelle, chancelier de Charles Quint. La reine Éléonore vint par bateau rendre visite à son frère, accompagnée de grandes dames de la cour, la Dauphine, la duchesse d'Étampes, la reine de Navarre. Enfin, sous la protection de vaisseaux bardés de canons, les deux souverains finirent par se rencontrer le 14 juillet, dans la chaleur torride du petit port d'Aigues-Mortes. La méfiance perçait sous les effusions et les résultats de l'entrevue furent maigres, les apaisements purement verbaux : la trêve était prolongée de dix ans. Mais, pas plus que François n'acceptait de s'engager par écrit à combattre les Turcs, Charles ne voulait rétrocéder le Milanais. On se contenta de vagues promesses. En fait, aucun des sujets litigieux n'avait reçu de réponse.

Le roi de France restait pourtant résolument optimiste. À l'automne 1539, l'empereur ne lui adressait-il pas une étonnante requête, gage de leur amitié : la permission de traverser le royaume de France pour se rendre en Flandre et y

△ **Éléonore de Habsbourg.** François Ier avait épousé, pour des raisons politiques, la sœur de Charles Quint, et il ne lui manifesta qu'une aimable indifférence. Guère jolie, les jambes très courtes au point de paraître difforme, elle n'eut pas d'enfants et vécut retirée. Musée Condé, Chantilly.
Phot. Jean Vigne.

Paul III. Il monta sur le trône pontifical en 1534. Violent, intransigeant, il donna une impulsion décisive à l'Église en convoquant le concile de Trente. Peinture de Titien. Naples, musée Capodimonte.
Phot. Agenzia Fotografica Luisa Ricciarini. ▽

châtier une révolte éclatée à Gand ? Le voyage dura deux mois, pendant lesquels le souverain français voulut éblouir son hôte et multiplia fêtes et chasses. Charles Quint passa quelques jours à Chambord qu'il estima « un abrégé de la science humaine » ; il visita Amboise et Blois, Fontainebleau et Boulogne, suivi d'un fastueux cortège. Le roi, malade d'un abcès, ne put accompagner l'empereur jusqu'à la frontière picarde, mais dépêcha à sa place ses fils, Henri devenu dauphin après la mort du fils aîné François en 1536, et Charles devenu duc d'Orléans. En se séparant, les princes demandèrent à l'empereur de con-

Paul III réconcilie François Ier et Charles Quint. ▷ Le pape chercha à reconstituer l'unité du monde chrétien et il commença son règne par l'excommunication d'Henri VIII. Il encouragea François Ier à la sévérité après l'affaire des Placards et, pour priver les Turcs de l'alliance française, il travailla activement, en 1538, à la réconciliation des souverains catholiques. Le terrain ainsi déblayé, il se consacra à la réforme intérieure de l'Église en exigeant des cardinaux et des évêques une conduite irréprochable. Il réorganisa l'Inquisition, devenue le Saint-Office, et créa l'Index pour empêcher la diffusion des idées nouvelles. Malgré la reprise de la guerre, il prépara le concile. Peinture de Sébastien Ricci. Musée municipal de Plaisance.
Phot. Scala.

◁ **Entrée de Charles Quint à Paris.** L'empereur passa deux mois en France. Le roi ne négligea rien pour l'éblouir et lui aménagea des entrées fastueuses dans ses bonnes villes. Fresque de Taddeo Zuccari. Palais Farnèse.
Phot. Giraudon.

Francois Ier fait visiter à l'empereur les tombeaux de Saint-Denis. Le contraste est saisissant entre les souverains : le premier, grand et vif malgré la maladie, le second, en noir, chétif et méfiant. Peinture de M. Norblin.
Phot. J. C. Maillard - Edimedia. ▽

firmer les promesses qu'il avait faites et celui-ci répondit évasivement qu'« il contenterait le roy ».

La consolidation de la monarchie. Le royaume que traversa Charles Quint dans l'hiver 1539-1540 était un pays riche, du moins quand la guerre n'y sévissait pas, uni, très peuplé, rassemblant entre quinze et dix-huit millions d'habitants alors que les États d'Allemagne n'en dépassaient pas quinze, l'Italie douze et l'Espagne environ huit. Toute l'Europe avait certes conscience de la puissance et du prestige de l'empereur. Néanmoins, l'empire n'était guère unifié, il était divisé par des luttes religieuses. Les communications y demeuraient difficiles entre les différents territoires, le voyage de Charles Quint à travers la France en témoignait. Et, surtout, les structures de cet énorme ensemble étaient fort lâches. Aussi Charles avait-il le plus grand mal à prélever l'impôt pour financer ses campagnes, alors que François, en soumettant les oligarchies financières, en créant le Trésor de l'Épargne et en organisant autour de lui une vie de cour qui lui soumettait ses sujets, avait non seulement construit un État cohérent, mais développé le sentiment national : une vieille boutade de Maximilien décrivait déjà au début du siècle la situation ; en face de l'empereur, roi des rois, et en face d'un souverain d'Espagne, roi des hommes, le roi de France est « un roi des bêtes », car « en quelque chose qu'il commande il est obéi aussitôt comme l'homme l'est des bêtes » !

Les rouages politico-administratifs du pays se perfectionnèrent et, en se concentrant dans les mains du souverain, ils consolidèrent la monarchie. Le traditionnel Conseil du roi, formé de princes, de seigneurs et de quelques très hautes personnalités choisies, donna naissance à un instrument plus maniable, le Conseil restreint, ou Conseil des affaires, composé de cinq ou six personnes qui se réunissaient à la demande du roi et étudiaient les dossiers. Le chancelier — Antoine Duprat, puis Antoine Du Bourg — était une sorte de Premier ministre et de garde des Sceaux qui dirigeait l'action politique et juridique ; le grand maître avait, lui, la main sur tous les offices de la maison du roi. La nouveauté fut que le souverain étendit progressivement les pouvoirs du Grand Conseil, par lequel il exerçait le pouvoir de justice, en tant que suzerain. Le pays était alors divisé, selon les régions, en plusieurs juridictions, parlements, chambres des comptes et cours des aides, qui exerçaient au nom du roi les pouvoirs juridico-administratifs, sous le contrôle du Grand Conseil, sorte de magistrature suprême. François décida d'élargir la compétence de ce Grand Conseil en lui confiant de nombreuses affaires enlevées aux parlements et en lui donnant l'exclusivité en des domaines nouveaux. Ainsi l'administration du pays gagnait-elle en cohérence.

L'édit de Villers-Cotterêts. En 1536, l'édit de Crémieu précisa les attributions judiciaires des baillis et des sénéchaux, sortes de préfets chargés d'assurer les relations entre le gouvernement et la population et de faire exécuter les arrêts, et il affirma leur prééminence sur les autres juridictions locales. L'ordonnance devait être complétée en 1542 et en 1545 par de nouvelles mesures qui restreignaient encore le pouvoir des gouverneurs de province : ceux-ci ne conservèrent que des pouvoirs militaires. En 1539, la célèbre ordonnance de Villers-Cotterêts, efficace outil d'unification, imposa la langue française, substituée au latin, dans les actes judiciaires ; elle prescrivit la tenue de registres d'état civil, régla les procédures à

△ **Le receveur d'impôts.** Les sommes encaissées sur le terrain étaient, à époques fixes, versées au Trésor de l'Épargne, organe central créé en 1532 et installé au Louvre. À l'échelon provincial, les agents de la perception étaient contrôlés par des inspecteurs en tournée. Les recettes comme les dépenses étaient inscrites sur des livres.
Phot. Larousse.

Monnaies du règne de François Ier. ▷ L'or servait aux transactions des princes et des gros marchands, l'argent aux transactions ordinaires et le cuivre était la monnaie des petites gens. Le développement de la lettre de change évita bien des manipulations monétaires. Le roi recourut souvent aux emprunts, en raison du coût des guerres, et il s'adressa, après 1536, aux banquiers italiens et suisses de la place de Lyon, qui lui prêtaient de 14 à 16 p. 100.
Phot. Jean Vigne.

suivre devant le Grand Conseil et marqua enfin les frontières entre les juridictions civile et ecclésiastique. Toutes ces réformes visaient à centraliser et hiérarchiser l'appareil administratif, au sommet duquel se trouvait le roi. Désormais, un réseau serré d'officiers, choisis par le souverain pour leur dévouement, contrôlait les municipalités et les seigneuries, et leur autorité remplaça peu à peu le droit féodal. L'action réformatrice de François Ier s'exerça également dans le domaine économique : il tenta de réaliser l'unité des poids et mesures à l'intérieur de tout le royaume afin de faciliter le commerce en instaurant en 1540 l'unité de mesure des draps, « l'aune du roi » ; malheureusement, la réforme ne put aboutir.

Ainsi se poursuivait l'évolution du royaume vers un État de plus en plus centralisé. Certes, il y eut des résistances, en particulier de la part des parlements. Les pays d'État les plus récemment rattachés à la couronne, comme la Provence, gardèrent longtemps des usages locaux et une certaine indépendance. Progressivement, le roi donna son sens plein à cette expression qu'il affectionnait : « tel est notre plaisir », et il affirma son omniprésence.

Mais, en vérité, dans cette pyramide magnifiquement échafaudée, que de lézardes déjà... Au sein même de la cour, les coteries se combattaient : la maîtresse du roi, duchesse d'Étampes, contre la maîtresse du Dauphin, la belle Diane de Poitiers. La dauphine Catherine n'avait toujours pas d'enfant, perdant ainsi toute influence. Déjà certains se rangeaient du côté du plus jeune fils du souverain, Charles d'Orléans. Les intrigues allaient leur train, d'autant qu'on apprenait en 1539 que le roi était malade...

◁ **« La noble cour » rendant la justice.** Le roi étendit la compétence de son Grand Conseil en matière de justice en lui confiant les affaires d'importance particulière, « réservées ». Au-dessous du Conseil, les parlements avaient leur juridiction propre — traitant par exemple les affaires d'hérésie — et le parlement de Paris servait de cour d'appel. B. N.
Phot. B. N.

Page suivante :
Scène de ferme. En dépit des charges fiscales dont ils étaient accablés, les gens de la campagne bénéficièrent des progrès de l'unification du royaume et leur condition d'exploitants au service d'un seigneur eut tendance à s'améliorer d'un point de vue juridique. B. N.
Phot. B. N.

1541-1547
Les dernières années de François Ier

Un dessin de François Clouet représentant François Ier dans sa maturité jette une lumière sur les dernières années du règne : le visage royal est grave, majestueux, mais, dans les commissures des lèvres qui retombent et la bouche amère, on peut lire la désillusion, le poids des épreuves et sans doute aussi la souffrance due à ces cruels abcès accompagnés de fièvre, qu'il avait « aux génitoires ». La maladie, qui se déclara autour de 1539, ne lâcha plus le souverain et les traitements qu'on lui infligea accrurent encore ses maux. Ce délabrement physique a-t-il marqué la fin du règne ? Michelet le pensait, qui écrivit : « François Ier n'est plus qu'une cérémonie, une ombre... Il meurt huit ans d'avance par une horrible maladie. »

Un autre portrait, écrit — celui-là — par l'ambassadeur de Venise en France, Marino Cavalli, offre une analyse pénétrante de la psychologie royale : « Vraiment lorsqu'on voit que, malgré son savoir et ses beaux discours, tant d'exploits de guerre lui ont mal réussi, on est disposé à dire que sa sagesse est plutôt sur ses lèvres que dans son esprit. Franchement je pense que les adversités de ce roi viennent du manque d'hommes capables d'exécuter ses desseins. Quant à lui, il ne veut jamais prendre part à l'exécution ni même surveiller aucunement... Ainsi, ce qu'on pourrait donc désirer en lui, c'est un peu plus d'attention et de patience, et non pas plus d'expérience et de savoir... »

Ce règne, si brillamment commencé, s'achevait donc dans la désillusion. Le monarque autoritaire subissait toutes sortes d'influences, dont certaines provenaient d'esprits fanatiques comme le cardinal de Tournon. La répression religieuse, seule réponse à la crise, ne connut plus de frein et on vit une série de massacres barbares en Provence, en Champagne. La France fut envahie par la coalition des Espagnols et des Anglais et dut à l'éternel manque d'argent de ses adversaires une trêve qui ne fut pas trop dure. Ce fut la dernière guerre du règne, mais, aussitôt le traité signé, le roi s'employa à lancer de nouveaux emprunts pour financer une prochaine campagne : la lutte contre la maison d'Autriche devait se poursuivre durant le règne suivant, tandis que les luttes entre catholiques et réformés allaient tourner en dramatiques guerres de Religion.

Lorsque le roi mourut en 1547, un immense cortège accompagna le cercueil à Notre-Dame, puis à sa dernière demeure, à Saint-Denis. Ce roi léger, impulsif, « généreux de nature » (Sainte-Beuve), souvent battu mais se relevant toujours, fut aimé de son peuple. En dépit des épreuves, des guerres et de la persécution — qui sévissait alors dans toute l'Europe —, il porta haut le renom et l'éclat de la France, mécène et vrai roi de la Renaissance.

◁**Paris au début du XVIe siècle.** Cette tapisserie fait partie d'un ensemble tissé à Beauvais représentant plusieurs villes de France. Paris comptait alors autour de 200 000 habitants et on pouvait en faire « le tour en trois heures en allant à pied et assez doucement » (Giustiniano). Les vieux remparts la défendaient, mais déjà les terrains situés autour de la ville se couvraient de constructions. Beauvais, Trésor de la cathédrale.
Phot. Giraudon.

Il ne fallut que quelques mois à François Ier pour comprendre que Charles Quint ne tiendrait pas les promesses faites en quittant la France et qu'il ne lâcherait pas le Milanais. D'ailleurs, on apprenait au milieu de l'année 1540 que l'empereur nommait son propre fils, Philippe, duc de Milan, ruinant tout espoir d'arrangement. La politique de réconciliation de Montmorency avait échoué et les intrigues de la maîtresse du roi, la duchesse d'Étampes, eurent raison du brillant connétable qui tomba en disgrâce et se retira à Chantilly. Profitant de la maladie du roi, les coteries à l'intérieur de la Cour déclenchèrent de véritables petites guerres qui envenimèrent les rivalités entre le Dauphin et son frère cadet, Charles d'Orléans.

François, en tout cas, en éloignant son connétable, s'était privé des services d'un grand capitaine pour affronter son éternel ennemi en une nouvelle campagne destinée à reprendre le Milanais. Il se chercha un autre allié du côté du duc de Clèves et lui donna en mariage sa nièce Jeanne d'Albret, fille de Marguerite de Navarre, qu'il fallut d'ailleurs contraindre par la force (le mariage ne fut pas consommé). La guerre n'allait pas tarder à reprendre. Déjà le roi avait reconstitué son trésor de guerre en augmentant massivement les impôts.

Reprise de la guerre. Les motifs d'hostilité ne manquaient pas. Un grave incident venait d'éclater en 1541, provoquant une vive tension : l'ambassadeur français auprès de Soliman, Antonio Rin-

Forces et faiblesses du royaume

△ **Khayr al-Dīn, dit Barberousse.** Il appartenait à une famille de marins islamisés de Lesbos, établis à Djerba. Corsaires, ils se rendirent maîtres d'Alger en 1518 et travaillèrent pour les Turcs.
Phot. Coll. Viollet.

con, ainsi qu'un autre diplomate nommé Cesare Fregoso furent pris dans un guet-apens et tués au début de juillet 1541, alors qu'ils voyageaient entre Casale Monferrato et Pavie pour regagner la Turquie. Toute l'Europe reconnut derrière le petit groupe de spadassins la main de l'empereur, bien que celui-ci tentât de se disculper. François envoya aussitôt un nouvel ambassadeur auprès des Turcs avec mission de resserrer l'alliance. Il avait élaboré un plan de campagne en commun contre Charles Quint, les Français attaquant sur terre par les Flandres et Soliman par l'Autriche, et sur mer les deux flottes se réunissant le long des côtes méditerranéennes et atlantiques de l'Espagne. Justement les Turcs avaient remporté une importante victoire en Hongrie, tandis que l'empereur venait de subir un grave échec maritime devant Alger, où ses bateaux avaient été dispersés par une violente tempête, alors qu'ils se préparaient à attaquer Barberousse. La défaite impériale, les dissensions religieuses en Allemagne, l'assassinat de Rincon et la puissance de l'alliance franco-turque décidèrent François à passer aux actes.

La guerre reprit donc en 1542. Le duc de Clèves envahit aisément le Brabant. Le Dauphin, avec pour lieutenant général le maréchal d'Annebaut, fut chargé d'attaquer le Roussillon. Le duc de Guise assista le dernier fils du roi, Charles d'Orléans, qui s'empara du Luxembourg. Charles Quint était menacé de partout. Mais les divisions des Français le sauvèrent. En effet, à la surprise de l'ennemi, au lieu d'achever la conquête du Luxembourg, Charles d'Orléans décida impulsivement de se porter en hâte vers le Roussillon pour s'y battre aux côtés de son frère. Voulait-il ôter au Dauphin le mérite de gagner seul la victoire ? En tout cas, la démarche fut catastrophique. Lorsqu'il arriva devant Perpignan, Henri avait ordonné la retraite car la ville était défendue par une trop puissante artillerie pour qu'on pût en venir à bout, sinon au prix de lourdes pertes, et les combats avaient cessé, tandis que justement ils se rallumaient dans le Nord.

Le débarquement de Barberousse à Nice ne rétablit nullement la situation. Certes la ville, possession du duc de Savoie, dut-elle céder sous la pression. Mais on vit bientôt 30 000 Turcs se déverser sur Toulon, d'où la population chrétienne avait été évacuée ; ces alliés encombrants y vécurent sur les réserves agricoles du pays, se rendant à la prière des muezzins, ravageant les rivages pour y rafler de nouveaux esclaves. Le croissant de l'Islam flottait sur les maisons. L'opération dura huit mois, coûta très cher à l'économie et se solda par huit cent mille écus d'or que le roi dut offrir

◁**Alger en 1541.** Protégée par un môle et de solides remparts, la ville était peuplée de Berbères, d'Andalous, de Grecs renégats et de Turcs. Elle vivait de la guerre de course, d'où dépendait toute sa prospérité. B. N.
Phot. Coll. Viollet.

△**Charles Quint devant Alger.** Il échoua de peu, victime de la mauvaise saison. Une tempête épouvantable dispersa ses navires, alors qu'il venait de débarquer avec ses troupes.
Phot. Coll. Viollet.

à Barberousse pour qu'il consente enfin à repartir en mai 1544.

Le bilan de cette première campagne non seulement fut négatif, mais s'avéra particulièrement désastreux. On avait dépensé cinq millions de livres tournois pour être finalement contraint d'abandonner les premières conquêtes.

Henri VIII change de camp. Un nouvel événement de la plus extrême gravité se produisit le 11 février 1543. Henri VIII, rompant après dix-sept ans de paix l'alliance franco-anglaise mise au point par Louise de Savoie en 1526, signa un traité avec Charles Quint, reconstituant ainsi la dangereuse coalition de 1523 qui avait si gravement menacé le royaume. Pourquoi ce revirement ? Depuis longtemps, les rancœurs s'accumulaient. Henri en voulait à son allié de n'avoir pas su lui ménager l'appui du pape dans l'affaire du divorce. Au lieu de consolider leur entente par un mariage avec une princesse française, François multiplia les vexations et s'arrangea même pour soutenir les revendications de l'Écosse contraires aux intérêts anglais. Ulcéré, Henri n'hésita plus et se tourna vers Charles Quint.

L'affaire fut menée secrètement. François, ne se doutant de rien, estima que la conjoncture lui était particulièrement

△ **François de Guise.** Le futur conquérant de Calais et son père, Claude de Lorraine, se battirent aux côtés de Charles d'Orléans et s'emparèrent du Luxembourg. La puissance des Guise se développa tant que le roi aurait mis en garde son fils avant de mourir. Musée Condé, Chantilly.
Phot. J.-L. Charmet-Artephot.

Le maréchal d'Annebaut. ▷ François Ier lui donna sa confiance bien que beaucoup l'aient jugé un médiocre et qu'on le surnommât « Anebo ». Il fut en tout cas un soldat honnête et fidèle, un des rares à ne pas s'enrichir pendant le règne. Amiral de France, il foula quelques heures le sol anglais en 1545, mais les bateaux anglais le contraignirent à regagner Le Havre. Musée Condé, Chantilly.
Phot. Giraudon.

Le pillage de la Provence par Barberousse. Les galères turques furent accueillies à Marseille avec des grands honneurs, puis elles allèrent s'emparer de Nice. Débarqués à Toulon, les Turcs s'installèrent en pays conquis et transformèrent le port en ville musulmane. Ils vécurent sur les provisions des villages voisins et razzièrent les côtes. Illustration de Robida (1909). ▷

Phot. J.-L. Charmet-Explorer.

favorable. Au printemps 1543, il porta ses efforts sur les Flandres, tandis que le duc de Clèves ravageait les Pays-Bas. En juin, il reçut un ultimatum de l'empereur et du roi d'Angleterre réunis et il apprit la marche des Impériaux vers le nord sous la conduite de Charles. Nullement inquiet de la progression de cette formidable armée, il continua son offensive au Luxembourg, promit des renforts à Clèves et, dans ses moments libres, s'en alla chasser. Charles avançait méthodiquement : le 24 août, il se jetait sur l'armée de Clèves qui n'avait pas reçu les renforts promis et qui fut écrasée. La voie s'offrait libre : des Pays-Bas, Charles Quint descendit sur Lambrecies, campant sur la rive gauche de la Sambre, tandis que les Français campaient sur la rive droite. Les deux armées se trouvèrent donc face à face.

◁ **Charles Quint.** La prise de Tunis le hissa au rang des grands capitaines et le consacra comme le défenseur de la chrétienté. Cependant, sa politique maladroite en matière religieuse lui aliéna une partie de l'Allemagne. Chargé d'une responsabilité très lourde et obligé de lutter sur tous les fronts, il ne laissera pas une œuvre durable. Vingt ans après Tunis, il abdiqua en faveur de son fils Philippe. Peinture de Pantoja de la Cruz. Palais-monastère de l'Escorial.
Phot. Arxiumas.

La victoire de Cerisoles. La bataille fut livrée le 14 avril 1544 sur les objurgations de Montluc, sûr du succès. Longue, sanglante, elle ne rendit pas le Milanais à la France, mais elle anéantit les troupes de Vasto, qui ne put participer à l'invasion générale de la France. Cet ultime succès allait projeter son éclat sur les dernières années du règne. Illustration de Robida (1909). © by S. P. A. D. E. M., 1986. ▷
Phot. J.-L. Charmet-Explorer Archives.

Pourtant la bataille n'eut pas lieu, car les positions de chacun des protagonistes étaient trop solides et l'hiver arrêta provisoirement la campagne. Au début du printemps 1544, le roi de France pouvait encore estimer sa situation satisfaisante. Un de ses capitaines, brillant Gascon, Blaise de Montluc, engageait sur le front d'Italie une importante bataille destinée à reprendre une ville sur le Pô. Les pertes espagnoles furent immenses et la victoire de Cerisoles (14 avril 1544), remportée par Montluc et par le comte d'Enghien, autorisait toutes les espérances en direction du Milanais. Elle ne reçut cependant aucun prolongement, car les chefs français étaient rappelés sur le front du Nord où se rassemblaient les forces conjuguées de Charles Quint et d'Henri VIII : quelque quarante mille hommes payés par l'argent des Fugger.

François Ier dans sa maturité. ▷ C'est le visage d'un homme vieilli et désabusé, mais toujours noble, que les abcès faisaient continuellement souffrir. La mort du dauphin François, puis celle de Charles le peinèrent d'autant plus qu'il n'avait guère d'affinité avec son second fils Henri. En 1544, il fut encore une fois bien près de perdre sa couronne, mais encore une fois, il se relevera. Musée Condé, Chantilly.
Phot. Lauros-Giraudon.

△ **Le retour des vainqueurs** après la bataille de Cerisoles. La France put croire un instant les beaux jours de Marignan revenus. Bas-relief du tombeau de François Ier et de Claude de France dans la basilique Saint-Denis. Bronze de Germain Pilon.
Phot. Explorer Archives.

L'invasion. Les Impériaux n'eurent aucun mal, aux premiers jours de juin, à franchir la Meuse. Début juillet, ils parvinrent à 200 kilomètres de Paris, sous Saint-Dizier, où Charles Quint, de Metz, les rejoignit à la tête de fantassins allemands et espagnols. Saint-Dizier était une ville remarquablement fortifiée, protégée par une garnison de 2 000 hommes que commandait le comte de Sancerre, et pourvue de nombreuses pièces d'artillerie. Elle se défendit vaillamment contre les premiers assauts. Les jours passèrent sans que l'adversaire obtînt un avantage substantiel. L'affaire paraissait mal engagée. D'ailleurs, les soldats bavarois et espagnols se détestaient cordialement et, ne songeant qu'à accroître leur part de butin, ils ne parvenaient pas à concerter leur action. L'ennemi dut recourir à une tromperie, une ruse de guerre fréquente en ce temps-là, pour faire céder la place : Sancerre, malmené par le siège et cherchant des renforts, voulut faire parvenir un courrier au duc de Guise. Le message fut intercepté par l'ennemi, décodé, et le chancelier de Charles Quint, Granvelle, truqua sans hésitation la réponse : « Que Sancerre se rende. » Aussi le 17 août, Saint-Dizier ouvrit ses portes. Comment Granvelle avait-il découvert le code français ? Le bruit courut que la duchesse d'Étampes n'y fut pas étrangère. En fait, personne ne put avancer aucune preuve d'une quelconque trahison : la favorite avait beaucoup d'ennemis trop heureux de diffuser des calomnies...

Paris n'était plus qu'à quelques jours de marche des Impériaux. Au même moment, Henri VIII débarquait à Calais à la tête de 30 000 hommes. Il marcha sur la Normandie, mais, au lieu de descendre sur Paris pour faire la jonction avec Charles Quint, il entreprit le siège de Boulogne, qui résista vaillamment et lui fit perdre un temps précieux. L'empereur l'attendait en Champagne, où ses

△ **L'attaque de Saint-Dizier.** La ville se défendit vaillamment un mois et retarda d'autant l'avance des Impériaux marchant sur Paris. Peinture de Raymond Desvareux.
Phot. N. D. Roger-Viollet.

soldats affamés, épuisés, pillaient sans vergogne. Faute d'argent frais, faute de l'appui du roi d'Angleterre, il était dans l'impossibilité d'exploiter sa victoire. François mit ce répit à profit pour rassembler des troupes fraîches derrière la Marne.

Les deux adversaires, à présent face à face, choisirent de traiter plutôt que de se battre. Oubliant le mirage italien pour défendre sa capitale, François sut se montrer raisonnable. Charles, sur qui pesait toujours la menace turque, inquiet de l'indiscipline de ses troupes qui attendaient vainement leur solde, accepta de négocier. Les pourparlers aboutirent le 18 septembre 1544 au traité de Crépy-en-Laonnois. Les deux souverains reprenaient les dispositions des conventions précédentes, en se rendant mutuellement les territoires pris depuis la paix de Nice. Ils resserraient également les liens en projetant le mariage du fils cadet de François, Charles d'Orléans, avec la fille ou la nièce de l'empereur : les époux recevraient en particulier les duchés d'Angoulême et de Bourbon. Enfin, l'alliance franco-turque était dénoncée. À vrai dire, la clause matrimoniale ne fut pas du goût de tous : le Dauphin et la coterie qui l'entourait, animée par Diane de Poitiers, y virent une manière détournée d'amputer le futur roi d'une partie de son royaume et d'affaiblir son pouvoir au profit de son cadet. Le différend entre Henri et Charles devenait très grave. Il fallut une circonstance tragique pour dénouer le conflit : l'année suivante, alors qu'une épidémie faisait des ravages en France, Charles visita un village sans prendre les précautions indispensables. Déjà atteint de tuberculose, il succomba le 8 septembre 1545 « sans pouvoir être secouru ». Il n'y aurait pas de mariage franco-espagnol, et désormais le traité de Crépy-en-Laonnois pouvait être remis en cause.

Du côté anglais, la France arriva aussi à une conciliation. Après la chute de Boulogne investie par l'ennemi, la flotte française tenta une expédition navale sur les côtes anglaises, mais celle-ci échoua. De part et d'autre, on se résigna à négocier : le roi de France offrait une énorme somme — deux millions de livres tournois, soit huit cent mille écus, payables en huit ans — pour que les Anglais évacuent Boulogne dans ce même délai (traité d'Ardres, juin 1546). Mais Henri VIII n'eut pas le temps de toucher le premier terme car il décéda en janvier 1547.

◁**Paris menacé par les Impériaux.** En cas d'alerte, on tendait de lourdes chaînes de fer de la tour de Nesle à la tour du Louvre, reposant sur des bateaux amarrés à des pieux. En amont, une chaîne reliait la Tournelle à l'île Saint-Louis. Ordre fut donné de construire remblais et tranchées, sur lesquels, ironisa Pantagruel : « Une vache avec un pet en abattrait plus de six brasses ! » L'invention de l'artillerie rendait insuffisantes ces défenses.
Phot. L. L.

△**Le traité d'Ardres.** François Ier était venu en personne au Havre pour assister au départ de la flotte française vers l'Angleterre. Les navires parvinrent à l'île de Wight et un détachement aborda le Sussex, où l'adversaire avait déjà pratiqué la politique de terre brûlée. Il fallut rembarquer. Soucieux d'avoir les mains libres au nord-ouest, le roi offrit une somme fabuleuse à Henri pour faire la paix et libérer Boulogne. Paris, Archives nationales.
Phot. Lauros-Giraudon.

△ **Le vannage du grain.** B. Palissy se plaignait que l'on améliorât l'armement et que l'on se désintéressât de l'outillage agricole. L'ambassadeur vénitien admirait la prospérité agricole d'un pays qui produisait assez de blé pour en exporter « en Espagne, au Portugal, en Angleterre (...), si pourtant la guerre n'y met pas obstacle ». Peinture de Nicolo del Abate.
Phot. Bulloz.

Richesse de la France. En juin 1546, François Ier avait donc fait la paix avec ses deux adversaires. Le royaume allait-il enfin vivre une ère de tranquillité et profiter de sa prospérité ? En dépit des guerres, des invasions, du poids de la fiscalité, la France demeurait un pays riche qui excitait les convoitises de ses voisins. L'ambassadeur vénitien Cavalli a fait la description d'une agriculture florissante, où les champs de blé côtoyaient les beaux vergers et les vignes et où de vastes pâtures étaient réservées aux troupeaux. L'essor démographique du début du siècle avait permis de mettre en valeur des régions restées en friche et les landes ou les forêts se transformaient en terres à céréales. De nouvelles cultures furent implantées, souvent importées d'Italie : après les fruits rouges et le melon, l'artichaut apparut sur les tables des seigneurs. Maïs, sarrasin, haricots, choux-fleurs, légumes encore assez rares, se développèrent au début du XVIe siècle à côté des cultures traditionnelles. Point de grand froid compromettant les récoltes, point de terrible famine en cette première moitié de siècle. L'industrie prospérait également, malgré l'absence de certains produits miniers, argent, cuivre, plomb, qu'il fallait importer. Lyon devint la capitale de l'imprimerie et de la banque ; « elle s'est accrue non seulement de moitié mais

Les vendanges. la France fut toujours pays de vignobles et « quoique les Français aiment le vin, ils en ont toujours pour les Anglais, les Écossais et les Flamands (...). On retire par an de sa vente un million et demi d'écus » (Marino Cavalli). Ce constat optimiste ne doit pas cacher la stagnation des procédés d'exploitation du sol. Les pâturages étaient pourtant encore insuffisamment développés, le bétail et donc l'engrais insuffisants, de sorte que les récoltes restaient faibles par leur rendement. La forêt demeura longtemps la grande ressource des campagnes. Musée de Cluny, Paris.
Phot. Bulloz. ▽

des 4/5, tant en nombre de gens de métier que par les maisons qu'on y élève journellement » (relation de 1542), car l'urbanisation allait de pair avec les progrès de l'industrie. Angoulême fut célèbre pour ses papeteries. À Tours, à Lyon encore, l'industrie de la soie, largement encouragée par Louise de Savoie et François, comptait de très nombreux métiers (des milliers peut-être), encore insuffisants pour répondre à la demande de la Cour. L'industrie textile était en plein essor et pouvait concurrencer celle d'Angleterre, d'Espagne et d'Italie. Les progrès de l'outillage et de l'artillerie avaient également entraîné le développement des forges, ce qui accéléra la disparition des forêts, déplorée par Ronsard : « Il y a en ce royaume, écrivit le chancelier Poyet, plus de 460 forges. Parmi elles, il y en a plus de 400 érigées depuis cinquante ans. » Ces progrès, ces métamorphoses de la vie quotidienne ne se firent pas sans à-coups ni grincements, dont souffrirent les paysans et le petit peuple des villes, accablés par l'inflation et le coût de la vie. Il n'y eut cependant que peu de révoltes. À Lyon eut lieu la célèbre grève des imprimeurs en 1539 et, entre 1542 et 1548, nobles et paysans ruinés de la Guyenne voulurent se révolter contre l'augmentation des impôts, mais leur insurrection fut sévèrement réprimée.

◁**Plan de Paris.** L'ambassadeur vénitien fit un éloge enthousiaste de la ville, « centre d'une immense population » et « entrepôt de l'Europe ». La Seine créait trois villes distinctes, adoptées comme circonscriptions administratives, la Cité, Outre Grand-Pont et Outre Petit-Pont (rive droite et rive gauche). Seize quartiers furent créés, élisant chacun un représentant. Le prévôt des marchands, quatre échevins, un greffier, un procureur, des conseillers formaient le « bureau de la ville ». B. N.
Phot. Jean Vigne.

Les découvertes géographiques entraînèrent le développement des ports. Rouen devint la deuxième ville de France. Dès 1517, François fit aménager près d'un petit village normand le port du Havre pour abriter les vaisseaux qui naviguaient en mer océane et se battraient contre les Anglais. En revanche, les commercants et les aventuriers s'embarquèrent de préférence à Saint-Malo ou à Dieppe.

Les moyens de communication à l'intérieur du royaume laissaient à désirer : ils nous sont connus par un petit ouvrage paru sous le règne d'Henri II, le *Guide des chemins de France,* décrivant les meilleures routes de Paris à Bruxelles, à Troyes, à Lyon et à Toulouse, indiquant également les routes secondaires, les ponts et même les auberges. Marchands ambulants et artisans furent nombreux à sillonner ces routes, mais le grand commerce se développa surtout à partir des foires qui se succédaient toute l'année dans les grandes villes, et dont l'essor entraîna une nouvelle technique des affaires. Le XVIe siècle vit l'essor du capitalisme, avec la création de sociétés financières dotées de nombreuses filiales, qui vendaient des créances, spéculaient sur le change et prêtaient aux grands. Charles Quint encouragea ces marchands-banquiers en Franche-Comté, à Besançon, tandis que François Ier eut surtout recours à la place de Lyon, où s'étaient installés des financiers italiens et suisses : le règne du crédit avait commencé.

Rouen. Elle fait figure de▷ grande ville avec ses quarante mille habitants et son port fluvial. Lyon et Toulouse la supplantaient. Les villes s'agrandirent régulièrement en même temps qu'une bourgeoisie de fonctionnaires royaux et d'hommes de loi se développait. Les remparts assuraient une certaine sécurité aux habitants, mais le ravitaillement faisait parfois problème. Rouen, Bibliothèque municipale.
Phot. Explorer Archives.

Une forge. La métallurgie ▷ se développa rapidement au cours du XVIe siècle en raison de l'importance accrue de l'artillerie et des armures pour la guerre. Les techniques demeuraient assez rudimentaires, bien qu'on sût utiliser de hauts fourneaux de cinq à six mètres, disposant de souffleries hydrauliques. Mais ceux-ci restèrent rares jusqu'en 1540. On se servait plutôt de fours bas, où le minerai était entassé par couche avec du charbon de bois. Quatre ou cinq kilos de fer et de scories étaient recueillis à chaque opération. Les « industries du feu » étaient le plus souvent entre les mains de gentilshommes, maîtres de forges ou maîtres verriers. B. N.
Phot. B. N.

De toutes ces richesses, les princes surtout profitèrent ainsi que les seigneurs de la Cour qui se parèrent d'or et de bijoux et meublèrent luxueusement leurs palais. Néanmoins, le bourgeois et le gros fermier connurent également une réelle élévation de leur niveau de vie. Les *Propos rustiques* de Noël du Fail en donnent plusieurs témoignages, en présentant des paysans de la région de Rennes qui n'hésitaient pas à consulter le médecin ou l'avocat et agrémentaient leurs banquets d'épices précieuses, rarement consommées autrefois dans les campagnes : poivre, safran, muscade, gingembre ou cannelle...

L'école des martyrs. Et pourtant, combien de laissés-pour-compte ! Combien de terres ravagées par les troupes armées qui partaient en d'incessantes campagnes ! Combien de villes déchirées par les divisions religieuses, les délations, les jalousies ! La décennie 1540-1550 vit le déclenchement d'une répression féroce et les commissaires sillonnèrent toutes les provinces pour y extirper la « pourriture hérétique » et allumer des bûchers : confiscation de livres, autodafés, arrestations, langues coupées, exécutions collectives. François était alors sous l'emprise du cardinal de Tournon, un fanatique décidé à mener une lutte inexpiable, et la reine de Navarre, en disgrâce parce qu'elle avait voulu marier sa fille au fils de Charles Quint plutôt qu'au duc de Clèves, n'avait plus aucune influence à la Cour.

Un climat de terreur s'installa. En Provence, on traqua une secte tout à fait inoffensive, les vaudois, ainsi nommés à cause de leur fondateur, Pierre Valdo, qui vivait au XIIe siècle et qui proposait à ses disciples un idéal de vie fondé sur la pauvreté absolue et la prédication. Les vaudois refusèrent de se soumettre au contrôle ecclésiastique et aux autorités civiles et furent condamnés par un concile. Mais ils n'en continuèrent pas moins à pratiquer leur religion en Provence ou en Dauphiné, où ils s'étaient regroupés. Vers 1530, ils se rapprochèrent des réformés suisses et allemands et rompirent définitivement avec l'Église romaine. Le parlement d'Aix rendit un terrible arrêt contre eux : ils seraient bannis, exécutés et leurs maisons rasées. En fait, sur l'ordre du roi, l'arrêt ne fut pas exécuté, mais, en 1545, le cardinal de Tournon présenta les vaudois comme de dangereux révoltés contre l'autorité royale et il arracha au souverain, alors malade, un consentement verbal pour poursuivre son action. Ordre fut donné au baron d'Oppède, premier président du parlement d'Aix, d'arrê-

△ **Le cardinal de Tournon.** Archevêque d'Embrun, puis de Lyon et de Bourges, il mit ses talents de diplomate au service de François Ier. Responsable de la politique française jusqu'à la mort du roi, il entreprit une lutte sans merci contre l'hérésie. Il fonda en 1538 le collège de Tournon. À la mort de François Ier, Henri II l'écarta en l'envoyant à Rome comme ambassadeur. Château de Beauregard.
Phot. Patrick Lorette.

Le massacre des vaudois. ▷ Leur secte remontait au Moyen Âge et ils décidèrent, en 1532, de se rallier à la Réforme. Bien que sa responsabilité directe ne fût pas engagée, François Ier les laissa exterminer dans le Luberon. Le massacre eut un retentissement considérable en Europe et même Charles Quint le flétrit publiquement. La France entrait dans une ère de persécutions. En 1546, l'Église réformée de Meaux fut décimée. Ce qui n'empêcha pas le roi de fournir des subsides aux protestants d'Allemagne.
Phot. Coll. Viollet.

ter les vaudois. Le baron Polin de La Garde, commandant des troupes à Marseille, fut chargé de l'exécution. Tous les villages de Provence furent fouillés ; il y eut plus de 800 vaudois massacrés dans la vallée du Luberon, à Cabrières, à Mérindol. On traqua les fuyards dans tous leurs refuges, jusqu'aux cavernes des montagnes...

En apprenant la tuerie, Calvin fut près de s'évanouir. Bèze à ses côtés voulut le soutenir, mais il se ressaisit en criant : « Bénissons le Seigneur ! Chacun de nous qui sommes les confesseurs de la vérité lui vaudra mille prosélytes et chacun de ces martyrs dix mille... » François Ier resta longtemps tourmenté par l'effroyable action qu'il n'avait pas su empêcher, et, sur son lit de mort, il demanda au Dauphin de faire la lumière et de punir les coupables.

Ainsi se formait cette « école des martyrs », comme dit Michelet, née du sang et des persécutions. À Orléans, le conseiller François Hotman se montra féroce. En août 1546, ce fut le tour du célèbre humaniste Étienne Dolet d'être brûlé, non pour cause de luthéranisme, mais pour athéisme. À Meaux, en octobre 1546, soixante et un réformés furent arrêtés au cours d'une réunion chez l'un d'entre eux, Étienne Mangin. Ils furent menés devant le parlement qui en condamna quatorze à être brûlés et, à la

△ **Théodore de Bèze.** Humaniste, poète, il hésita beaucoup avant de prendre parti pour la Réforme et ce fut le choc d'une grave maladie qui orienta son choix. Son père spirituel fut Calvin. Il s'installa à Genève où il reçut une chaire de théologie. Les guerres de Religion le ramenèrent en France, pasteur d'une armée huguenote. Il succéda à Calvin en 1564 comme recteur de l'académie de Genève, et fut le chef des protestants français. Paris. Bibliothèque du protestantisme français.
Phot. Giraudon.

place de leur maison rasée, devait être élevée une chapelle au Saint-Sacrement. Fustigés, contraints d'abjurer, les autres durent assister au supplice de leurs camarades et de participer nu-pieds, la corde au cou, à une procession expiatoire.

La Sorbonne, le clergé, la plupart des grands seigneurs de l'entourage royal approuvèrent le recours à la force pour recréer l'unité de foi de la « fille aînée de l'Église ». Ils s'appuyaient d'ailleurs sur la volonté de résistance du pape lui-même, Paul III. En effet, dès son accession au trône pontifical en 1534, le souverain pontife mit tout en œuvre pour rénover l'Église catholique et lutter contre les progrès de l'hérésie : en 1540, il approuva les statuts de la Compagnie de Jésus dont les membres, véritable milice de l'Église catholique, sauraient combattre par leur solide formation intellectuelle les erreurs de leurs adversaires. Il créa le Saint-Office en 1542 et convoqua à Trente un concile œcuménique. Ce concile se

prolongea de 1545 à 1563 et réalisa une œuvre considérable en clarifiant la doctrine, en entreprenant la rédaction d'un catéchisme, en réclamant du clergé un comportement digne et, enfin, en créant des séminaires où les prêtres pussent apprendre les tâches de leur ministère. Les principaux points de la doctrine catholique

Ignace de Loyola. En fondant en 1541 la Compagnie de Jésus, le saint a voulu donner au pape une « milice » d'hommes de prière et d'action, qui défendissent la foi catholique par leur solidité théologique et leur apostolat. Le pape les envoya en mission dans les pays gagnés par la Réforme et dans les terres lointaines des nouveaux continents. À la mort d'Ignace, en 1556, la Compagnie comptait mille membres et administrait une centaine de fondations et collèges. Musée Condé, Chantilly. ▷
Phot. Jean Vigne.

◁ **Le supplice d'Étienne Dolet.** Le métier d'imprimeur comportait alors beaucoup de risques. La personnalité de cet humaniste reste mystérieuse. Plus « libre penseur » qu'hérétique, il voyait dans la publication de livres hétérodoxes une excellente affaire financière. Sans adhérer à la Réforme, il voulait surtout libérer ses contemporains de leurs préjugés et de leurs sottises. Peinture de Bailly. Hôtel de ville de Saint-Omer.
Phot. Lauros-Giraudon.

△ **Le concile de Trente.** Si Léon X ou Clément VII avaient eu l'audace de réunir un concile avant la condamnation des thèses de Luther, peut-être eût-on évité le schisme, ou au moins affermi les hésitants. En 1545, le fossé était trop profond pour que l'unité fût rétablie. Du moins le concile permit-il de rénover l'Église et de fortifier les catholiques. Musée du Louvre.
Phot. Lauros-Giraudon.

furent hautement affirmés, tels que l'utilité des œuvres dans l'économie du Salut, la présence réelle dans l'eucharistie, la valeur des sacrements. Le concile confirma également le culte des saints, il conserva le latin dans la liturgie et s'opposa fermement au mariage des prêtres : ces positions clairement définies ne pouvaient qu'accuser le divorce intérieur de l'Église, mais elles posaient les conditions d'un renouveau de l'Église catholique.

Qu'elle est lourde, cette couronne ! François Ier n'avait plus, en juin 1546, que quelques mois à vivre. Ses abcès lui donnaient constamment des accès de fièvre, mais, jusqu'au dernier moment, il conserva sa prestance et il continua de chasser en se faisant porter en litière. Encore un an avant sa mort, Marino Cavalli continuait d'admirer sa « constitution vigoureuse et gaillarde » et Marguerite, qui l'aima toujours malgré son éloignement, se réjouissait qu'il fût « sans aucune douleur ni aucun mal »... Le roi utilisa ses dernières forces à inspecter ses frontières, à réclamer la consolidation d'une forteresse et à demander de l'argent pour préparer une nouvelle guerre contre son éternel rival.

En mars 1547, la fièvre ne le quitta plus, due à une infection généralisée ; il dut garder le lit tandis qu'il séjournait à Rambouillet. Autour de lui, on avait perdu espoir. François fit venir le Dauphin pour lui donner quelques ultimes avertissements, le mettre en garde contre l'influence des femmes — il songeait à l'emprise grandissante de Diane de Poi-

◁ **Diane de Poitiers.** Lorsque la belle Diane perdit son époux, Louis de Brézé, en 1531, François Ier lui confia l'éducation de son fils Henri, alors âgé de douze ans. Quelques années plus tard, elle devint la maîtresse du Dauphin, bien que de vingt ans plus âgée que lui. Elle gagna beaucoup d'influence à la Cour et entra en rivalité avec la duchesse d'Étampes, ce qui donna lieu à quelques scènes scandaleuses. Musée Condé, Chantilly.
Phot. Giraudon.

Le château de Rambouillet. ▷ Jusqu'aux derniers jours, François Ier continua à chasser et ce fut dans cette perspective qu'il séjourna à Rambouillet en mars 1547. Mais la fièvre ne le quittait plus et il dut s'aliter. Il appela le Dauphin à son chevet.
Phot. Lauros-Giraudon.

tiers — et pour dissiper toutes les dissensions qu'avaient semées les intrigues de la Cour. Il reçut les sacrements et murmura : « Seigneur, qu'elle est lourde, cette couronne que je croyais que vous l'aviez donnée comme un don ! » Le 31 mars, il expira. Le jour même du décès, François Clouet accourut pour prendre un moule du visage. La reine Éléonore n'apprit que quarante-huit heures plus tard qu'elle était veuve. Il n'y eut pas de rapport officiel d'autopsie, mais on sut que le roi avait « un apostume en son estomac, les rognons gâtés, les entrailles pourries, une partie du gosier en chancre et les poumons déjà entamés ».

Les funérailles de François Ier furent fastueuses et le peuple en larmes y participa. Pendant onze jours, on ne cessa de défiler. La dernière cérémonie eut lieu le 24 mai, à Saint-Denis, où le cercueil fut acheminé pour reposer dans le caveau royal aux côtés des dépouilles des deux fils du souverain, Charles et François, et où l'attendait celle de la reine Claude.

Henri II, l'ancien petit prisonnier de Madrid, monta alors sur le trône. Il était âgé de vingt-huit ans.

△ **Le gisant de François Ier.** La statue funéraire est saisissante de réalisme et de vérité : on reconnaît la stature athlétique, le visage noble aux traits puissants sculptés dans le marbre : vrai roi de la Renaissance, fastueux et aimant l'aventure. Basilique de Saint-Denis.
Phot. Lauros-Giraudon.

Page suivante :
La France et l'Espagne. Manuscrit, l'atlas de Le Testu (1556) est un des documents géographiques les plus intéressants de l'époque. Son auteur appartenait à l'école dieppoise. Le public cultivé se passionna pour la géographie, et la publication, à Bâle, de la *Cosmographie* de Münster, traduite en six langues, fut suivie par de nombreux ouvrages : 48 en France entre 1551 et 1560. Bibliothèque du ministère de la Défense nationale.
Phot. Jean Vigne.

ENGLETERRE
IRLANDE
MER OCEANNE
LA MER MEDITERRANEE
Saxonia
Britania
Gallia
Burgondia
Sabaudia
Languedoc
Guascoma
Aragonia
Navarra
Portugal
Grenade

Chronologie

1492

8 février. Couronnement de la reine Anne de Bretagne à Saint-Denis.

10 octobre. Naissance du dauphin Charles Orland.

3 novembre. Traité d'Étaples avec Henri VII d'Angleterre.

1493

19 janvier. Traité de Barcelone avec Ferdinand d'Aragon.

22 avril. Traité entre Ludovic le More, Venise et le pape Alexandre VI (Ligue de San Marco).

23 mai. Traité de Senlis avec l'empereur Maximilien.

1494

25 janvier. Mort de Ferrante Ier de Naples et avènement d'Alphonse II.

6 mars. Arrivée de Charles VIII à Lyon.

fin août-début septembre. Passage des Alpes au Montgenèvre.

8 septembre. Canonnade de Rapallo.

21 octobre. Mort de Jean-Galéas Sforza.

22 octobre. Ludovic le More duc de Milan.

9 novembre. Fuite de Pierre de Médicis de Florence.

17 novembre. Entrée triomphale de Charles VIII à Florence. Mort de Pic de La Mirandole, assisté du roi de France et de Savonarole.

2 décembre. Entrée de Charles VIII à Sienne.

31 décembre. Entrée de Charles VIII à Rome.

1495

janvier. Préparation de la Ligue de Venise.

25 janvier. Abdication d'Alphonse II en faveur de Ferrante II (Ferrandino).

28 janvier. Départ de Charles VIII pour Naples.

22 février. Entrée des Français à Naples.

7, 12 et 25 mars. Reddition du Château Neuf, du Château de l'Œuf, de Gaète, de Tarente.

31 mars. Formation de la Ligue anti-française de Venise (signature du traité le 1er avril).

12 mai. Entrée solennelle de Charles VIII à Naples.

22 mai. Départ de Charles VIII de Naples.

1er, 13 et 20 juin. Passage par Rome, Sienne, Pise.

6 juillet. Bataille de Fornoue.

9 octobre. Traité de Verceil.

7 novembre. Arrivée du roi à Lyon.

8 décembre. À Naples, reddition du Château Neuf.

16 décembre. Mort du dauphin Charles Orland.

1496

17 février. À Naples, reddition du Château de l'Œuf.

5 mars. En France, emprunt forcé.

7 juillet. Retour à Naples de Ferrandino.

23 juillet. Capitulation de Montpensier à Atella.

8 septembre. Naissance de Charles, second dauphin (mort le 2 octobre).

7 octobre. Mort de Ferrandino. Avènement de Frédéric de Tarente, oncle de Ferrandino.

9 novembre. Mort de Gilbert de Montpensier.

1497

20 janvier. Capitulation de Gaète.

25 février. Capitulation de Tarente.

1498

7 avril. Mort de Charles VIII. Avènement de Louis XII.

juillet. Renouvellement du traité d'Étaples avec Henri VII.

5 août. Traité de Marcoussis avec Ferdinand d'Aragon.

août-17 septembre. Procès pour l'annulation du mariage du roi.

1499

janvier. Mariage du roi avec Anne de Bretagne.

9 février. Alliance franco-vénitienne de Blois.

16 mars. Traité de Lucerne avec les cantons suisses.

août. Début de la campagne d'Italie.

6 octobre. Entrée du roi à Milan.

13 octobre. Naissance de Claude de France à Romorantin.

1500

2 février. Reprise de Milan par les troupes de Ludovic le More.

10 avril. Bataille de Novare et capture de Ludovic le More.

11 novembre. Traité de Grenade avec Ferdinand d'Aragon (partage du royaume de Naples).

1501

juin. Début de la marche de l'armée française sur Naples et prise de la ville.

1502

juin. Début des hostilités entre Français et Espagnols.

1503

février. « Combat des onze ».

21 avril. Défaite de Cerignola et perte de Naples.

18 août. Mort du pape Alexandre VI.

1er novembre. Élection de Jules II.

octobre-décembre. Combats du Garigliano.

1504

1er janvier. Reddition de Gaète.

avril. Maladie du roi.

22 septembre. Traités de Blois entre Louis XII et Maximilien d'Autriche.

1505

4 avril. Ratification à Haguenau des trois traités de Blois par Maximilien de Habsbourg.

avril. Nouvelle maladie de Louis XII.

1506

14 mai. Réunion des états généraux à Plessis-lès-Tours.

21 mai. Fiançailles de Claude de France et François d'Angoulême.

1507

février. Révolte de Gênes contre les Français.

avril. Reddition de Gênes.

juin. Entrevue de Savone entre Louis XII et Ferdinand d'Aragon.

1508

10 décembre. Ligue de Cambrai contre Venise.

1509

14 mai. Victoire d'Agnadel.

1510

25 mai. Mort à Lyon du cardinal Georges d'Amboise.

septembre. Assemblée du clergé à Tours.

1511

4 octobre. Formation de la « Sainte Ligue » contre la France. (Union de l'Espagne, de l'Angleterre, de l'empereur, de Venise et de Jules II.)

1512

janvier. Début de la campagne de Gaston de Foix.

11 avril. Victoire de Ravenne et mort de Gaston de Foix.

6 mai. La Palice vaincu à Valeggio.

décembre. Défaites de La Palice en Navarre.

1513

20 février. Mort de Jules II.

mars. Avènement de Léon X.

6 juin. Défaite de Novare infligée par les Suisses aux Français.

30 juin. Débarquement d'Henri VIII à Calais.

16 août. Défaite de Guinegatte infligée par les Anglais et les Autrichiens aux Français.

7 septembre. Arrivée des Suisses devant Dijon.

1514

9 janvier. Mort d'Anne de Bretagne.

18 mai. Mariage de Claude de France avec François d'Angoulême.

7 août. Traité de paix et d'alliance de Londres entre la France et l'Angleterre.

9 octobre. Mariage de Louis XII avec Marie Tudor.

1515

1er janvier. Mort de Louis XII.

25 janvier. Sacre du nouveau roi de France à Reims.

15 février. Entrée à Paris.

12 juillet. Entrée à Lyon.

15 juillet. Régence de Louise de Savoie, mère de François Ier.

15 août. Naissance de la princesse Louise de France et passage des Alpes.

13-14 septembre. Bataille de Marignan.

16 octobre. Entrée du roi de France à Milan.

11-14 décembre. Rencontre à Bologne du pape Léon X et de François Ier.

1516

13 janvier. Retour du roi en France et voyages à travers le royaume.

13 août. Traité d'alliance de Noyon entre François Ier et Charles Ier d'Espagne.

18 août. Publication du concordat de Bologne, abrogeant la pragmatique sanction de Bourges et remettant au roi le pouvoir de nommer les évêques.

5 octobre. Actions de grâces de François Ier à Saint-Denis, où il repose l'oriflamme.

23 octobre. Naissance de la princesse Charlotte.

29 novembre. Paix perpétuelle de Fribourg avec les 13 cantons de la Confédération suisse.

3 décembre. Adhésion de Maximilien d'Autriche au traité de Noyon.

25 décembre. Fêtes de Noël à Blois.

1517

11 mars. Traité d'assistance mutuelle de Cambrai entre François Ier, Charles Ier d'Espagne et Maximilien d'Autriche : projet de croisade commune contre les Turcs ; promesse d'assistance mutuelle.

10 mai. Couronnement de la reine Claude à Saint-Denis.

12 mai. Entrée de la reine Claude à Paris.

printemps 1517-novembre 1518. Visite du royaume de France par François Ier et sa cour.

24 juillet. Refus par le parlement d'enregistrer le concordat.

1518

18 mars. Protestation du parlement de Paris contre la violence qui lui est faite.

22 mars. Enregistrement du concordat par le parlement avec la mention « de l'ordre exprès et réitéré du roi ».

28 novembre. Naissance de François, dauphin de Viennois.

1519

12 janvier. Mort de Maximilien Ier, empereur germanique.

31 mars. Naissance de Henri, duc d'Orléans, deuxième fils de François Ier.

28 juin. Élection de Charles Quint roi des Romains et futur empereur germanique.

1520

7 juin. Entrevue du Camp du Drap d'or entre François Ier et Henri VIII, près de Calais.

15 juin. Bulle *Exsurge Domine* : condamnation de Luther.

14 juillet. Entrevue et traité de Gravelines entre Charles Quint et Henri VIII.

1521

3 janvier. Excommunication de Luther.

mars. Invasion du Luxembourg par Robert de La Marck, et de la Navarre par Henri d'Albret et Lesparre.

15 avril. Condamnation des thèses de Luther par la Sorbonne.

28 avril. Mort de Suzanne de Bourbon : ouverture de la succession de Bourbon.

28 mai. Pacte d'alliance entre Léon X et Charles Quint. Attaque du Milanais.

1er décembre. Mort de Léon X.

1522

mars. Nouvelle campagne d'Italie : échec de Lautrec devant Milan.

avril. Revendication par Louise de Savoie de l'héritage de Suzanne de Bourbon : ouverture du procès devant le parlement de Paris. — Offensive des Anglais en Picardie et des Espagnols en Navarre jusqu'à Bayonne.

29 avril. La Bicoque : défaite de Lautrec et des Suisses ; perte du Milanais par les Français.

1523

10 août. Lettre du sénéchal de Normandie, Louis de Brézé, informant François Ier de la trahison du connétable Charles de Bourbon.

12 août. Extension par lettres patentes des pouvoirs de la régente, Louise de Savoie : application reportée de 1524 à 1526 lors de la seconde campagne d'Italie de François Ier. Nouvelle campagne d'Italie. Échec de Bonnivet devant Milan.

1524

30 avril. Bataille de la Sesia près de Romagnano et mort de Bayard.

début juillet. Invasion de la Provence par le connétable de Bourbon.

25 juillet. Mort de la reine Claude à Blois.

12 août-29 septembre. Siège de Marseille et échec de Bourbon, qui doit repasser les Alpes.

5 octobre 1524 - 24 février 1525. De Sisteron à Pavie : nouvelle campagne d'Italie menée par François Ier. Louise de Savoie régente.

26 octobre. Prise de Milan. Les Français devant Pavie.

1525

23-24 février. Pavie : défaite et capture de François Ier par les Impériaux.

22 juin - 9 septembre. Négociations entre la régente Louise de Savoie, Henri VIII et les États italiens pour constituer un front contre Charles Quint.

1526

janvier. Arrestation de Louis de Berquin sur ordre du parlement.

14 janvier. Traité de Madrid.

5 février. Arrêt du parlement interdisant de publier, de vendre et donc de lire ou de garder chez soi les livres de la Sainte Écriture traduits en français.

17 mars. Retour en France de François Ier après l'échange de ses deux fils, otages en Espagne.
Libération de Louis de Berquin sur ordre de François Ier.

22 mai. Constitution de la « ligue de Cognac » (France, Saint-Siège, Venise, Milan).
Premiers contacts avec Soliman Ier le Magnifique.

1527

16 mars - 6 mai. Revers militaires en Italie de la ligue de Cognac.

16 mars. Trêve entre Clément VII et les Impériaux.

6 mai. Sac de Rome par les troupes impériales et mort de leur chef, le connétable Charles de Bourbon.
Mariage du roi de Navarre, Henri d'Albret, avec Marguerite d'Angoulême, sœur de François Ier et veuve du duc d'Alençon.

6 juin. Capitulation du pape Clément VII.
Henri VIII d'Angleterre, François Ier et leurs alliés italiens en état de guerre avec Charles Quint.

12 août. Exécution de Semblançay.

1528

avril-août. Siège de Naples.

31 mai au 1er juin (nuit du). Mutilation d'une statue de la Vierge par les réformés à Paris, à l'angle de la rue du Roi-de-Sicile et de la rue aux Juifs.

11 juin. Procession expiatoire.

juillet. Défection d'Andrea Doria : traité entre l'amiral génois et Charles Quint.

15 au 16 août (nuit du). Mort de Lautrec devant Naples.

1529

24 mars 1529 ou 24 mars 1530. Fondation du Collège royal (aujourd'hui Collège de France) par lettres patentes de François Ier (elles n'ont jamais été retrouvées).

17 avril. Exécution de Louis de Berquin sur ordre du parlement.

21 juin. Défaite de Saint-Pol à Landriano et perte du Milanais.

3 août. Traité de Cambrai (paix des Dames) entre Louise de Savoie et Marguerite d'Autriche. Renoncement des Habsbourg à la Bourgogne.

1530

22-24 février. Le pape ceint Charles Quint de la couronne de fer du royaume d'Italie et le surlendemain de la couronne d'or du Saint Empire romain germanique.

1er juillet. Échange des deux fils du roi de France contre rançon.

7 juillet. Mariage religieux d'Éléonore et de François Ier.

1531

5 mars. Couronnement de la reine de France Éléonore de Habsbourg à Saint-Denis.

22 septembre. Mort de Louise de Savoie.

1532

26 mai. Traité de Scheyern alliant François Ier, Henri VIII et les luthériens d'Allemagne.

3 septembre. Rattachement de la Bretagne à la couronne de France : édit royal constituant légalement les « États » en gardiens des libertés bretonnes.

1533

11 octobre - 20 novembre. Séjour à Marseille du pape Clément VII.

28 octobre. Mariage à Marseille de Henri de France et de Catherine de Médicis.

1er novembre. Rentrée de l'université de Paris. Sermon sur la philosophie chrétienne par le recteur Cop, très proche des idées sacramentaires.

1534

20 avril - 5 septembre. Première expédition de Jacques Cartier au Canada. Découverte de l'embouchure du Saint-Laurent.

11 juillet. Excommunication de Henri VIII par le pape Clément VII.

24 juillet. Création par ordonnance royale de sept légions provinciales de 6 000 gens de pied, soit 42 000 hommes (premier essai d'une armée nationale en France).

17 au 18 octobre (nuit du). Affaire des Placards contre la messe papale.

1535

13 janvier. Interdiction de toute impression de livres en France sans autorisation.

19 mai 1535 - 16 juillet 1536. Deuxième expédition de J. Cartier au Canada : reconnaissance de Terre-Neuve et de l'embouchure du Saint-Laurent.

16 juillet. Édit d'amnistie de Coucy en faveur des hérétiques repentis.

1536

février. Invasion de la Bresse et de la Savoie par François Ier.

mars. Publication à Bâle de l'*Institution de la religion chrétienne* par Calvin (en latin).

25 juillet. Invasion de la Provence par Charles Quint.

10 août. Mort du dauphin François à Tournon.

14-23 septembre. Retraite des troupes de Charles Quint de Provence.

1537

24 mars - 30 juin. Campagne d'Artois.

26 octobre. Victoire d'Anne de Montmorency et du dauphin Henri au Piémont : prise du col de Suse.

1538

10 février. Nomination d'Anne de Montmorency à l'office de connétable.

17 juin. Trêve de Nice entre le pape Paul III et François Ier.

14-16 juillet. Entrevue d'Aigues-Mortes entre François Ier et Charles Quint. Prolongation de la trêve pour une durée de dix ans.

décembre. Abrogation de l'édit de Coucy : reprise des persécutions contre les luthériens.

1539

27 juin. Arrêt mettant l'hérésie hors la loi.

août. Ordonnance de Villers-Cotterêts : adoption du français dans tous les actes judiciaires et création de l'état civil.

27 novembre 1539 - 24 janvier 1540. Séjour de Charles Quint en France.

1540

1er juin. Édit de Fontainebleau réorganisant la lutte contre l'hérésie.

11 octobre. Don par Charles Quint du Milanais à son fils Philippe.

1541

juin. Disgrâce définitive du connétable Anne de Montmorency.

14 juin. Mariage de Guillaume de La Marche, duc de Clèves, et de Jeanne d'Albret.

3 juillet. Assassinat par les agents de Charles Quint de l'ambassadeur de François Ier en Turquie, Rincon.

1542

mars. Annonce à François Ier de l'accord de Soliman le Magnifique à une alliance militaire franco-turque.

12 juillet. Déclaration de guerre de François Ier à Charles Quint : offensives françaises sur les fronts des Pyrénées, des Pays-Bas et d'Italie ; offensive au Brabant de Martin Van Rossem, commandant les forces de Guillaume de La Marche, duc de Clèves.

31 août. Prise de Luxembourg par Charles, duc d'Orléans. Début du siège de Perpignan par le Dauphin.

9 septembre. Perte de Luxembourg par les Français.

10 octobre. Levée du siège de Perpignan par le Dauphin.

1543

11 février. Alliance secrète entre Henri VIII d'Angleterre et Charles Quint.

6 septembre. Prise de Nice par les Turcs.

7 septembre. Traité imposé par Charles Quint au duc de Clèves, qui dut renoncer à l'alliance française.

10 septembre. Reprise de Luxembourg par François Ier.

fin septembre 1543-mai 1544. Transformation de Toulon en base navale turque après évacuation de ses habitants.

1544

19 janvier. Naissance de François, fils du dauphin Henri et de Catherine de Médicis.

14 avril. Bataille de Cérisoles remportée par le comte d'Enghien, François de Bourbon.

8 juillet-17 août. Siège de Saint-Dizier par les Impériaux.

23 et 24 juillet. Prise de Vitry-en-Perthois par les Impériaux.

18 septembre. Traité de Crépy-en-Laonnois.

1545

13-23 avril. Massacre des vaudois du Luberon en Provence, près d'Avignon (à Cabrières, à Mérindol, etc.).

8 septembre. Mort de Charles, duc d'Orléans, fils cadet de François Ier.

13 décembre 1545-6 décembre 1563. Concile œcuménique de Trente.

1546

18 février. Mort de Luther.

7 juin. Traité de paix franco-anglaise d'Ardres.

3 août. Exécution à Paris, place Maubert, de l'imprimeur Étienne Dolet.

1547

27 janvier. Mort d'Henri VIII, roi d'Angleterre.

31 mars. Mort de François Ier à Rambouillet.

Dictionnaire des personnages

Alexandre VI - Phot. Artephot-Fabbri.

Alexandre VI, Rodrigo Borgia *(Játiva, Espagne, 1431 - Rome 1503).* Neveu du pape Calixte III, créé cardinal en 1456 et élu pape en 1492, il scandalisa la chrétienté par sa vie privée, ses enfants, ses maîtresses. Dans le gouvernement de l'Église, il se montra sage administrateur. Outre ses luttes contre la France (il fomenta la Ligue de Venise contre Charles VIII, alors que celui-ci était à Naples), il lutta contre la trop turbulente noblesse romaine et fit mettre à mort Savonarole, qui le combattait à Florence.

Alphonse II *(Naples 1448 - Messine 1495).* Fils de Ferdinand Ier, ou Ferrante d'Aragon, il lui succéda en 1494 comme roi de Naples, mais dut fuir devant l'invasion française.

Amboise Georges Ier d' *(Chaumont-sur-Loire 1460 - Lyon 1510).* Prélat attaché à la personne de Louis d'Orléans, archevêque de Rouen, lieutenant général de Normandie, il devint le principal conseiller de Louis XII. Habile administrateur, il s'intéressa surtout aux finances et à la justice, inspira la grande ordonnance de Blois (mars 1499). Créé cardinal par Alexandre VI, puis légat à vie en France, il songeait pour lui-même à la tiare, et poussa le roi dans l'aventure italienne.

Georges d'Amboise · Phot. Giraudon.

Bayard Pierre Terrail, seigneur de *(château de Bayard, près de Grenoble, 1476 - Romagnano Sesia 1524).* Page de Charles VIII, il s'illustra à la bataille de Fornoue (1495), puis lors de l'expédition de Louis XII contre le Milanais (1499) et durant la conquête du royaume de Naples (1502). Il participa à la plupart des grandes batailles des guerres d'Italie, à la prise de Bologne, au siège de Brescia (1512), au cours duquel il fut blessé, à la bataille de Ravenne, et son courage lui valut le surnom que lui donna la postérité : « le Chevalier sans peur et sans reproche ». En 1515, François Ier, qui le nomma lieutenant général, voulut être armé chevalier de sa main après la victoire de Marignan. En 1521, il tint tête à Charles Quint qui assiégeait Mézières et il repassa en Italie dans l'armée que commandait Bonnivet. Battu près de Romagnano, celui-ci lui confia le soin de la retraite. Alors qu'il traversait la Sesia, Bayard fut mortellement blessé.

Borgia César *(Rome v. 1475 - Pampelune 1507).* Fils d'Alexandre Borgia et de Vannozza Cattanei, ambitieux et sans scrupule, il fut poussé par son père dans la voie des honneurs. Louis XII fit de lui un duc de Valentinois. Devenu duc de Romagne, il y imposa sa domination et la détacha à son profit des États de l'Église. À la mort de son père (1503), Jules II le fit arrêter. Évadé, il se réfugia chez son beau-frère, le roi de Navarre, et mourut peu après en combattant.

Briçonnet Guillaume († *Narbonne 1514*). Entré dans les ordres après son veuvage, ce conseiller de Charles VIII, évêque de Saint-Malo (1493), puis archevêque de Reims (1497), fut créé cardinal par Alexandre VI. Il eut plus tard de violents démêlés avec Jules II, dont il blâmait la politique, fut excommunié et privé de la pourpre.

Briçonnet Guillaume *(Paris 1472-Esmans, près de Montereau, 1534).* Fils de Guillaume Briçonnet, conseiller de Charles VIII, évêque de Meaux en 1516, érasmien et surtout fabriste, il entreprit dès 1518 la réforme de son diocèse en développant la prédication et en restaurant la discipline ecclésiastique. En 1521, il appela auprès de lui Lefèvre d'Étaples, et autour d'eux se constitua un petit groupe d'humanistes, le Cénacle de Meaux (Vatable, Farel). Ce foyer de vie spirituelle fut protégé par Marguerite de Navarre, qui entretint avec Briçonnet une correspondance mystique.

Charles de Bourbon · Phot. Patrick Lorette.

Bourbon Charles, duc de *(1490-Rome 1527).* Deuxième fils de Gilbert de Bourbon, comte de Montpensier, il devint par son mariage avec sa cousine Suzanne l'héritier de tous les domaines de la branche ducale de la maison de Bourbon et de la branche des Montpensier. Nommé connétable par François Ier, il fut lieutenant du roi en Milanais de 1515 à 1517. À la mort de Suzanne, le roi revendiqua les biens apanagés et la reine mère réclama les fiefs non masculins. En 1522 un procès s'engagea devant le parlement de Paris, mais, sans attendre l'arrêt, François mit les biens sous séquestre. Cette mesure détermina le connétable à conclure un traité avec Charles Quint (1523). Averti, François Ier ordonna son arrestation. Bourbon s'enfuit alors à Milan et se battit pour l'empereur. Il participa à la bataille de Pavie et deux ans plus tard il fut tué devant Rome, que ses troupes mettaient à sac. Sa mort fut suivie par un nouvel arrêt de condamnation et de confiscation de ses biens qui furent rattachés à la couronne.

Budé Guillaume *(Paris 1467 - id. 1540).* Il joua un rôle de premier plan dans la restauration des études grecques et écrivit de nombreux livres d'érudition. En 1522, il géra la librairie royale de Fontainebleau. L'appui

Guillaume Budé · Phot. Jean Vigne.

de François Ier lui permit d'obtenir la nomination de « lecteurs royaux », à l'origine du futur Collège de France. Ouvert aux idées nouvelles, il refusa de passer à la Réforme et tenta de concilier la sagesse grecque avec la révélation chrétienne.

Calvin · Phot. Held-Artephot.

Calvin JEAN *(Noyon 1509 - Genève 1564).* Il fut élève au collège Montaigu à Paris, étudia le droit à Orléans et à Bourges et revint à Paris où il suivit les cours de la « noble et trilingue académie », futur Collège de France. Sa conversion à la Réforme date de 1533 ou 1534 ; les persécutions contre les protestants à la suite de l'affaire des Placards l'obligèrent à quitter la France. Réfugié à Bâle, il rédigea en 1535 la première version de son *Institution de la religion chrétienne* publiée en mars 1536. Le premier séjour de Calvin à Genève dura deux ans (1536-1538) et se termina par une expulsion. Il y fut rappelé et à partir de 1541 ne quitta plus la ville, travaillant à la rédaction des *Ordonnances ecclésiastiques,* qui réglaient pour deux siècles la vie religieuse de la cité. En 1553, il contribua à la mise en accusation et à la condamnation de Michel Servet.

Jacques Cartier · Phot. Bulloz.

Cartier Jacques *(Saint-Malo 1491-id. 1557).* Sur l'ordre, ou avec l'accord de François Ier, il fit trois expéditions en Amérique en 1534, 1535-36, et 1541, pour chercher par le nord-ouest une route vers la Chine, qu'il ne trouva pas. Il démontra l'insularité de Terre-Neuve, découvrit le Saint-Laurent, qu'il remonta jusqu'au site de Montréal, mais échoua dans une tentative de colonisation des rives du Saint-Laurent, entreprise prématurée.

Charles V dit **Charles Quint** *(Gand 1500 - Yuste, Estrémadure, 1558).* Fils de Philippe le Beau, archiduc d'Autriche, et de Jeanne, reine de Castille, il se trouva l'héritier de domaines gigantesques, qui en firent un ennemi naturel du roi de France. Ambitieux, prétendant à la monarchie universelle, il soutint contre François Ier une lutte de plus de trente ans, dont les principales étapes furent la victoire de La Bicoque (1522), puis celle de Pavie (1525) à la suite de laquelle François fut fait prisonnier, puis remis en liberté après le traité de Madrid (1526). Les hostilités reprirent, auxquelles la paix de Cambrai mit un terme provisoire (1529). L'empereur

Charles Quint · Phot. Salmer.

lutta aussi contre les Turcs (1530). Aussi entreprit-il une expédition victorieuse contre Tunis (1535), mais il échoua devant Alger. Il dut reconnaître par l'accord d'Augsbourg de 1555 la liberté de conscience aux luthériens d'Allemagne. À la fin de son règne il reprit la lutte contre la France et la poursuivit sous Henri II. En 1555 et 1556 Charles Quint abdiqua toutes ses couronnes et se retira au monastère de Yuste.

Châteaubriant FRANCOISE DE FOIX, COMTESSE DE *(v. 1495 - 1537).* Mariée en 1509 à Jean de Montmorency-Laval, comte de Châteaubriant, elle devint vers 1518 la maîtresse de François Ier. Elle profita de sa faveur pour obtenir de hauts commandements militaires pour ses trois frères, Odet, vicomte de Lautrec, Thomas, seigneur de Lescun, André, seigneur de Lesparre. Au retour de sa captivité en Espagne (1526), François s'éprit d'Anne de Pisseleu, future duchesse d'Étampes. Disgraciée, la comtesse se retira vers 1528 sur les terres de son époux en Bretagne.

Claude de France *(Romorantin 1499 - Blois 1524).* Fille aînée de Louis XII et d'Anne de Bretagne, elle avait été promise en mariage à l'archiduc Charles, futur Charles Quint, mais le projet fut annulé par Louis XII, qui la fiança à son cousin François (1506),

Claude de France - Phot. des musées nationaux.

futur roi de France, qu'elle épousa en 1514. Effacée, elle ne joua pas de rôle politique et se consacra à l'administration de son duché de Bretagne, qui revint au dauphin François (1524), puis à la couronne de France.

Clément VII - Phot. Scala.

Clément VII, Jules de Médicis *(Florence 1478 - Rome 1534).* Il était le fils naturel de Jules de Médicis. Son alliance avec François Ier lui valut l'inimitié de Charles Quint, dont les troupes saccagèrent Rome en 1527. Il fut lui-même fait prisonnier. Subissant l'alliance de son vainqueur, il couronna l'empereur à Bologne en 1530. Clément VII fut un prince magnifique, dans la tradition des Médicis. Il assista aux progrès du protestantisme et vit Henri VIII se séparer de l'Église romaine (1534). La crainte des théories conciliaires l'amena à reculer constamment la convocation d'un concile indispensable pour restaurer l'unité du monde chrétien.

Djem ou **Zizim** *(Edirne 1459 - Naples 1495).* Fils du sultan Mehmed II, il disputa le trône à son frère Bayazid II, fut vaincu, se réfugia à Rhodes, d'où le grand maître de l'Ordre le fit transférer en France, puis à Rome. Emmené par Charles VIII à Naples, il y mourut.

Dolet Étienne *(Orléans 1509 - Paris 1546).* Célèbre imprimeur de Lyon, humaniste, il fut dénoncé à l'Inquisition pour avoir publié des brochures polémistes et édité un opuscule, le *Cato christianus* (1538), qui le fit accuser d'hérésie et d'athéisme et jeter en prison. Il y retourna en 1544 pour avoir introduit en France des ouvrages genevois. Proclamant sa haine des persécutions, il témoigna d'une rare liberté d'esprit comme imprimeur autant que comme écrivain ; il fit preuve d'un esprit très moderne dans son dictionnaire analogique latin, son traité de ponctuation et sa *Manière de bien traduire d'une langue en aultre.* Pour avoir traduit un dialogue attribué à Platon où est niée l'immortalité de l'âme, il fut pendu et brûlé à Paris, place Maubert. Bien que controversé, il fut érigé en martyr de l'humanisme.

Dolet - Phot. Larousse.

Du Bourg Antoine *(La Seille, Auvergne, v. 1490-1538).* Maître des requêtes puis président du parlement de Paris en 1534, il succéda à Antoine Duprat comme chancelier de France en 1535. Il élabora plusieurs édits, notamment l'édit de Joinville (1535) qui réformait l'organisation administrative de la Provence en renforçant l'emprise monarchique sur cette province.

Duprat Antoine *(Issoire 1463 - Nantouillet 1535).* Grâce à la protection de Louise de Savoie, il devint lieutenant général du bailliage de Montferrand, maître des requêtes, puis premier président au parlement de Paris. Nommé chancelier par François Ier en 1515, il contribua au renforcement du caractère absolu de la monarchie, en annihilant les prétentions du parlement. Il fut le principal négociateur du concordat de

Antoine Duprat - Phot. Patrick Lorette.

Bologne (1516). Entré dans les ordres après son veuvage, devenu archevêque de Sens (1525), cardinal (1527), puis légat du pape (1530), il réunit à Paris, pour faire face aux progrès de la Réforme, le concile provincial de Sens afin de réfuter les thèses de Luther (1528).

Éléonore de Habsbourg - Phot. Roger-Viollet.

Éléonore de Habsbourg *(Louvain 1498 - Talavera 1558).* Fille de Philippe le Beau, archiduc d'Autriche, et de Jeanne la Folle, reine de Castille, sœur de Charles Quint, elle fut mariée en 1518 au roi du Portugal, dont elle devint la veuve trois ans plus tard. En vertu des traités de Madrid et de Cambrai, elle épousa en 1530 François Ier, veuf de Claude de France. Éclipsée par la favorite, la duchesse d'Étampes, elle ne joua guère de rôle politique. À la mort de François Ier, elle se retira aux Pays-Bas, puis en Espagne.

Estienne ROBERT *(Paris 1503 - Genève 1559).* D'une célèbre famille d'imprimeurs, il fut élève de Jean Lascaris et fut nommé imprimeur du roi pour l'hébreu et le latin en 1539, et pour le grec en 1540. On lui doit de nombreuses Bibles et psautiers, un *Dictionnaire latin-français.* Attaqué par la Sorbonne, il partit pour Genève en 1551, où il écrivit son pamphlet, les *Censures des théologiens de Paris...*

Fail NOËL DU *(Château-Letard, près de Rennes, v. 1520 - Rennes 1591).* Conseiller au présidial, puis au parlement de

Estienne - Phot. Larousse.

Rennes (1571), il publia un recueil de droit coutumier breton. Émule de Rabelais, il composa une œuvre facétieuse qui célèbre les vertus du monde rural (*Propos rustiques* 1547, *les Contes et discours d'Eutrapel* 1585).

Farel GUILLAUME *(Les Fareaux, com. de Gap, 1489 - Neuchâtel 1565).* Il fut le disciple de Lefèvre d'Étaples, qu'il rejoignit à Meaux en 1521. Conquis à la Réforme, il dut se réfugier à Bâle, puis à Strasbourg (1525-1526), où il retrouva Lefèvre d'Étaples. Il publia la première liturgie en langue française et nia la transsubstantiation. Il se rendit ensuite à Berne, évangélisa le pays de Vaud et organisa l'Église de Neuchâtel. Il réussit à gagner Genève à la Réforme (1535) et travailla avec Calvin avant de se retirer à Neuchâtel.

Farel - Phot. Held-Artephot.

Ferdinand II DIT FERRANDINO *(Naples 1467 - id. 1496).* Fils d'Alphonse II, roi de Naples, il succéda à son père en 1495 mais abdiqua en voyant arriver les Français. Revenu à Naples après la défaite de ceux-ci, il en fut de nouveau chassé en 1495 et mourut l'année suivante.

Foix GASTON DE *(Mazères, Ariège, 1489 - Ravenne 1512).* Fils de Jean de Foix, vicomte de Narbonne, et de Marie d'Orléans (sœur de Louis XII), il reçut le duché de Nemours en 1507 en échange de ses droits sur Narbonne. Excellent stratège malgré son jeune âge, il prit en 1511 le commandement des troupes françaises en Italie, vainquit les Espagnols et les Vénitiens à Bologne, à Brescia et à Ravenne, mais mourut au combat en cette dernière bataille.

Frédéric Ier d'Aragon *(Naples 1452 - Tours 1504).* Devenu roi de Naples en 1496 après la mort de son neveu Ferdinand II, il fut chassé de son royaume en 1501 par les troupes du roi Ferdinand d'Espagne et de Louis XII. Il reçut de ce dernier le comté du Maine et termina ses jours en France.

Gonzague de Mantoue - Phot. Artephot-Fabbri.

Gonzague de Mantoue FRANÇOIS II, MARQUIS DE MANTOUE *(1466-1519).* Il combattit Charles VIII à la bataille de Fornoue (1495), qu'il considéra comme une victoire personnelle. En 1503, il devint l'allié de Louis XII et prit part à la Ligue de Cambrai contre Venise.

Gonzalve de Cordoue - Phot. Mas.

Gonzalve de Cordoue *(Montilla 1453 - Grenade 1515).* Homme de guerre espagnol, surnommé le « grand capitaine », il combattit d'abord les Maures, puis fut envoyé par le roi Ferdinand le Catholique dans le royaume de Naples pour lutter contre Charles VIII. Il y revint en 1501, d'abord allié des Français, puis devenu leur adversaire. Il remporta la victoire de Cerignola et reçut le titre de vice-roi de Naples (1504). Disgracié en 1506, il finit ses jours en Espagne.

Goujon Jean *(v. 1510 - Bologne v. 1566).* Il travailla successivement à la tribune d'orgues de l'église Saint-Maclou à Rouen, au jubé de Saint-Germain-l'Auxerrois à Paris, aux châteaux d'Écouen et d'Anet, à la fontaine des Innocents et au Louvre à Paris. Brillant sculpteur, il subit l'influence de l'école de Fontainebleau. Passé à la Réforme, il dut s'expatrier en 1562.

Henri VIII *(Greenwich 1491 - Westminster 1547).* Il devint en 1502 l'héritier présomptif du trône d'Angleterre après la mort de son frère aîné et épousa la veuve de ce dernier, Catherine d'Aragon, juste après son avènement, en 1509. Sous l'influence de son beau-père et du pape, il se joignit à la Sainte Ligue contre la France (1511-1514). Jugeant, avec son ministre Wolsey, la neutralité impossible (entrevue du Camp du Drap d'or), il se rapprocha de Charles Quint jusqu'en 1527, puis se retourna du côté de François Ier. La stabilité de sa dynastie lui paraissant mal garantie par sa fille Marie, seule enfant de Catherine d'Aragon, il se décida au divorce, mais le pape Clément VII, inquiet de l'hostilité de Charles Quint, refusa de

Henri VIII - Phot. Jean Vigne.

prononcer l'annulation du mariage. Exaspéré, Henri VIII, dès 1531, obligea l'Église d'Angleterre à le reconnaître pour chef suprême et sa passion pour Anne Boleyn le décida à rompre avec Rome (1533). En 1534, l'Acte de suprématie fit définitivement passer l'Église d'Angleterre sous l'autorité royale. Le schisme anglican ouvrait l'Angleterre aux influences protestantes... Les ambitions européennes du roi le poussèrent à rallumer la guerre contre la France en 1544.

Jules II *(Albisola, près de Savone, 1443 - Rome 1513).* Né Giuliano Della Rovere, ce neveu de Sixte IV devenu cardinal de Saint-Pierre-aux-Liens (Rome), fut un des premiers à appeler Charles VIII en Italie, par hostilité contre le pape Alexandre VI. Monté en 1503 sur le trône de Saint-Pierre, décidé à défendre l'intégrité des États de l'Église, il fomenta une ligue contre la république de Venise, dont il craignait les ambitions, puis se retourna contre Louis XII, qui l'avait pourtant aidé à vaincre la sérénissime République. Ce belliqueux pontife aimait les arts ; il protégea Bramante, Michel-Ange, Raphaël.

Lannoy Charles de *(Valenciennes v. 1487 - Gaète 1527).* Compagnon de jeunesse de Charles Quint, vice-roi de Naples (1552-1524), il fut vainqueur de François Ier à Pavie et l'un des négociateurs du traité de Madrid. Il lutta ensuite contre Clément VII.

La Palice - Phot. Giraudon.

La Palice Jacques de Chabannes, seigneur de *(v. 1470 - Pavie 1525).* Homme de guerre, il participa avec Charles VIII à la conquête de Naples, puis servit Louis XII pendant ses expéditions en Italie. Plus tard, il combattit à Marignan en 1515 et trouva la mort à la bataille de Pavie.

Jules II - Phot. Scala.

La Trémoille Louis de *(Thouars 1460 - Pavie 1525).* Homme de guerre ayant participé, aux côtés des Beaujeu, à la « Guerre folle », il remporta la victoire de Saint-Aubin-du-Cormier, puis servit successivement Charles VIII et Louis XII. Vainqueur des Vénitiens à Agnadel, il fut battu par les Suisses à Novare et dut, l'année suivante, traiter à Dijon avec ces derniers. Sous François Ier, il combattit à Marignan, puis à Pavie où il fut blessé à mort.

Lautrec - Phot. Biré, Blois-© Tallandier.

Lautrec Odet de Foix, vicomte de *(1485 - Naples 1528).* Nommé maréchal de France par François Ier en 1515, il accompagna le roi en Italie et se distingua à Marignan. Il fut battu par les Impériaux à La Bicoque (1522), en raison de la défection des mercenaires suisses non payés, et dut évacuer le Milanais. Gouverneur du Languedoc (1523), il prit le commandement de l'armée d'Italie en 1527, reconquit le Milanais et occupa une partie du royaume de Naples. Il mourut de la peste alors qu'il assiégeait la ville de Naples.

Lefèvre d'Étaples Jacques *(Étaples v. 1450 - Nérac 1536).* Il fit ses études à Paris et en Italie. Il enseigna au collège Cardinal-Lemoine et ses écrits très vite tranchèrent par leur souple dialectique avec les productions scolastiques. Son nom reste attaché à des travaux scripturaires (*Commentaires sur les épîtres de saint Paul,* 1512, *des quatre Évangiles,* 1522). En

Lefèvre d'Étaples - Phot. Giraudon.

1523, il devint vicaire général à Meaux auprès de l'évêque Briçonnet. Il constitua un cénacle travaillant à la réforme du clergé et vulgarisa l'Écriture en la traduisant à l'usage des fidèles. Mais l'engouement que l'on manifesta pour l'évangélisme favorisa l'infiltration des doctrines de Luther. Menacé par la Sorbonne, il se réfugia à Strasbourg. Rentré en France, il devint précepteur des enfants royaux (1526) puis se retira à Nérac auprès de Marguerite de Navarre.

Léon X, JEAN DE MÉDICIS *(Florence 1475 - Rome 1521).* Fils de Laurent le Magnifique, il reçut le cardinalat en 1489 et fut élu pape à la mort de Jules II en 1513. Il chercha alors à se rapprocher de Louis XII puis, après Marignan, il rencontra à Bologne François Ier, avec lequel il négocia le concordat de 1516. Il se brouilla cependant rapidement avec le roi de France et ne prit pas une position nette dans l'élection impériale de 1519, se ralliant finalement à Charles Quint. Pontife fastueux, il fut un mécène généreux qui soutint les humanistes. Son besoin d'argent l'amena à accorder des indulgences aux fidèles qui contribueraient par leurs dons à la construction de la basilique Saint-Pierre (bulle du 31 mars 1515) : ce fut l'origine de la révolte de Luther.

Léonard de Vinci *(Vinci, près de Florence, 1452 - château de Cloux, auj. Clos-Lucé, près d'Amboise, 1519).* Il fut l'élève de Verrocchio, puis peignit *l'Annonciation* et *l'Adoration des Mages.* De 1482 à 1499, il travailla surtout à Milan, peignit *la Vierge aux rochers* et *la Cène,* et élabora les croquis, puis dressa le modèle de la statue de Francesco Sforza. Il revint alors à Florence après la chute du duché de Milan ; c'est là qu'il réalisa la *Joconde.* François Ier l'appela en France en 1516 et il mourut près d'Amboise trois ans plus tard. Ingénieur, anatomiste, s'intéressant à toutes les branches de la science, il fut aussi un philosophe et écrivit un *Traité de la peinture.*

Louise de Savoie - Phot. B. N.

Louise de Savoie *(Pont-d'Ain 1476 - Grez-sur-Loing 1531).* Fille de Philippe, duc de Savoie, et de Marguerite de Bourbon, elle épousa en 1488 Charles d'Orléans, comte d'Angoulême. Veuve en 1496, elle se consacra à l'éducation de ses deux enfants, Marguerite d'Angoulême et le futur François Ier, dont elle fit décider le mariage avec Claude de France. Elle fut proclamée régente à deux reprises, en 1515 et en 1525, lors des campagnes d'Italie de son fils. Elle maintint fermement l'ordre dans le royaume après le désastre de Pavie et fut à l'origine de la ligue de Cognac (1526). Elle conserva une influence prépondérante jusqu'à sa mort et négocia, notamment, le traité de Cambrai (1529) avec Marguerite d'Autriche.

Ludovic Sforza le More *(Vigevano 1452 - Loches 1508).* Oncle du duc de Milan Jean-Galéas (1469-1494), ayant été accusé (peut-être à tort) d'avoir fait empoisonner celui-ci pour prendre sa place, il s'était emparé de la réalité du pouvoir dès 1480. Mais ce ne fut qu'à la mort de Jean-Galéas qu'il prit, en 1494, le titre de duc de Milan. Ayant appelé Charles VIII en Italie pour l'aider à abattre la dynastie aragonaise, il fut un allié rien moins que sûr. Il combattit Louis XII, qui voulait faire valoir ses droits sur Milan. Chassé de la ville en 1499, il y revint en 1500, mais fut fait prisonnier à Novare le 10 avril et emmené en France, où il demeura jusqu'à sa mort.

Ludovic Sforza - Phot. Ricciarini.

Luther MARTIN *(Eisleben, Thuringe, 1483 - id. 1546).* Étudiant brillant, reçu

Luther - Phot. Archiv für Kunst und Geschichte.

maître en philosophie (1505), il entra, malgré son père qui voulait faire de lui un homme de loi, chez les augustins d'Erfurt. Il fut ordonné prêtre en 1507 et devint professeur de théologie à l'université de Wittenberg en 1513. Excellent moine, préoccupé par son salut, il se plongea dans la pénitence et la prière et, commentant les Épîtres de saint Paul, découvrit la doctrine de la justification par la foi. Le 31 octobre 1517, il afficha ses 95 thèses, bientôt colportées dans toute l'Allemagne. Convoqué à Rome, il refusa de s'y rendre ; après trois ans de controverse, il fut excommunié et mis au ban de l'Empire. Réfugié au château de la Wartburg en 1521-1522, il y commença la traduction de la Bible en allemand. Il se maria en 1525, prit position contre les paysans révoltés et les anabaptistes, et rompit avec Érasme. La fin de sa vie fut occupée par la rédaction de deux catéchismes et de nombreux traités et commentaires des Psaumes.

Marguerite d'Angoulême - Phot. Jean Vigne.

Marguerite d'Angoulême *(Angoulême 1492 - Odos, Bigorre, 1549).* Fille de Louise de Savoie, elle reçut une éducation soignée. Mariée au duc d'Alençon en 1509, elle devint le centre de la cour de son frère François Ier et joua un rôle politique important, notamment lors de la captivité du souverain en Espagne (1525). Veuve, elle se remaria en 1527 avec Henri d'Albret, roi de Navarre. Elle profita de son crédit pour soutenir les membres du Cénacle de Meaux. Elle protégea Louis de Berquin, Étienne Dolet et fit relâcher Clément Marot. Son mécénat en faveur des écrivains lui valut la reconnaissance de ses contemporains. Elle-même écrivit dans un style alerte les contes légers de *l'Heptaméron,* publié en 1559. Ses dernières œuvres poétiques, d'inspiration mystique, sont teintées d'un certain désenchantement.

Marot Clément *(Cahors 1496 - Turin 1544).* Fils d'un poète courtisan, il occupa à la mort de son père le poste de valet de chambre de François Ier. Familier des grands, il garda toujours une liberté de ton qui apparaît dans ses Épîtres. Soupçonné de sympathie pour la Réforme, il fut incarcéré au Châtelet. Il obtint sa grâce mais dut se réfugier à Nérac, puis à Genève, à Chambéry et enfin à Turin.

Maximilien Ier - Phot. Bildarchiv Preussischer Kulturbesitz.

Maximilien Ier *(Wiener Neustadt 1459 - Wels 1519), empereur d'Allemagne.* Époux de Marie de Bourgogne (1477) dont il eut deux enfants (Philippe le Beau et Marguerite d'Autriche), il lutta contre Louis XI et succéda à son père Frédéric III en 1493. Il maria son fils à Jeanne (la Folle), fille de Ferdinand d'Aragon et d'Isabelle de Castille. Lui-même épousa en secondes noces, en 1494, Blanche Sforza, nièce de Ludovic le More. En 1508, il adhéra contre Venise à la Ligue de Cambrai, puis se retourna contre la France. Il laissa l'Empire à son petit-fils Charles Quint.

Montmorency - Phot. Varga-Artephot.

Montmorency Anne, duc de *(Chantilly 1493 - Paris 1567).* Élevé avec le futur François Ier, il participa à toutes les grandes entreprises guerrières et diplomatiques du règne. Maréchal de France en 1522, grand maître de France, gouverneur du Languedoc (1526) puis connétable de France (1537), il fut longtemps le principal conseiller du roi. Défendant contre l'amiral de Chabot et les Guise une politique de paix et d'entente avec Charles Quint, il fut disgracié en 1541. Henri II devenu roi le rappela à la cour, le fit duc et pair (1551) ; ayant recouvré son pouvoir, il poussa le roi à une politique de persécutions contre les protestants. Vaincu et fait prisonnier par les Espagnols à Saint-Quentin (1557), il fut supplanté par les Guise sous François II. Il fut rappelé par Catherine de Médicis sous Charles IX (1560). Il fut fait prisonnier par les huguenots à la bataille de Dreux en 1562, puis mortellement blessé à la bataille de Saint-Denis en 1567.

Paul III - Phot. Scala.

Paul III, Alexandre Farnèse *(Canino 1468 - Rome 1549).* Sa fortune date du règne d'Alexandre VI. Cardinal en 1493, il fut élu pape à l'unanimité en 1534. Tout en demeurant un homme de la Renaissance — il confia à Michel-Ange la direction des travaux de la basilique Saint-Pierre et l'exécution des fresques de la chapelle Sixtine —, il donna une forte impulsion à la Réforme catholique en préparant et en convoquant le concile de Trente (1545) : nomination de cardinaux favorables à la réforme catholique, approbation d'instituts religieux voués aux missions intérieures. Pour lutter contre l'infiltration du protestantisme en Italie, il rétablit l'Inquisition (1542), mais il échoua dans sa tentative de restauration de l'unité chrétienne.

Anne de Pisseleu - Phot. Jean Vigne.

Pisseleu Anne de, duchesse d'Étampes *(Fontaine-Lavaganne, Oise, 1508 - Heilly 1580).* Fille de Guillaume de Pisseleu, seigneur d'Heilly, elle fut reçue à quatorze ans parmi les filles d'honneur de Louise de Savoie et devint la maîtresse de François Ier en 1526. En 1533, le roi la maria à Jean de Brosse, comte de Penthièvre, qu'il nomma gouverneur de Bretagne, puis il donna en 1534 aux époux le comté d'Étampes, érigé en leur faveur en duché (1536). Cultivée, la duchesse protégea les écrivains et les artistes, Marot, Rabelais, Jean Goujon. À la mort de François Ier, elle se retira sur sa terre de Limours.

Primatice François (dit le) [*Bologne 1504 - Paris 1570*]. Sculpteur, architecte et peintre maniériste, élève de Jules Romain, il fut appelé en France par François Ier en 1532 pour contribuer à la décoration du château de Fontainebleau.

Rabelais François *(La Devinière, près de Chinon, v. 1494 - Paris 1553).* Fils d'un avocat, il prit goût à ses études et choisit l'état religieux en devenant moine franciscain puis bénédictin. Il se passionna pour le grec et, quittant son couvent pour l'université, il se rendit à Paris, à Toulouse, à Bordeaux et à Montpellier, où il découvrit, à partir de 1530, la science de la médecine. Cette nouvelle passion

Rabelais - Phot. Jean Vigne.

l'amena à Lyon où il publia plusieurs traités savants. La médecine le mit en rapport avec d'importantes personnalités, dont le futur cardinal Jean du Bellay chargé de mission en Italie et qu'il accompagna à Rome en tant que médecin. En 1532, il publia un *Pantagruel* qui connut un vif succès, auquel il ajouta, en 1534, un *Gargantua,* puis un *Tiers Livre* en 1546 et un *Quart Livre* en 1548. Ces œuvres, présentées comme de purs divertissements, apparurent libertines et dangereuses et furent condamnées par la Sorbonne. Rabelais, qui avait pris l'habit séculier, fut soupçonné d'athéisme. La protection du roi le tira d'affaire pour un temps, mais les poursuites continuèrent... Esprit érudit et curieux, écrivain prodigieux par sa richesse verbale, il fut le modèle de l'humaniste de la Renaissance.

Savonarole JÉRÔME *(Ferrare 1452-Florence 1498).* Moine exalté, devenu prieur du couvent dominicain de San Marco à Florence, il s'indignait contre le paganisme, la démoralisation, les mœurs libres de la chrétienté en général et du pape en particulier. Il critiquait également la politique des Médicis, mettant le feu aux livres et aux œuvres d'art. Excommunié par le pape, il fut brûlé comme hérétique à Florence, sur la place de la Seigneurie.

Maximilien Sforza - Phot. Artephot-Fabbri.

Sforza MAXIMILIEN *(Milan 1493 -Paris 1530).* Réfugié en Allemagne à la suite de la chute de son père Ludovic Sforza, il récupéra le duché de Milan grâce au pape Jules II et moyennant diverses concessions aux Suisses. Battu par François Ier à Marignan (1515), il lui céda ses États et finit ses jours en France. Son frère Francesco (1495-1535) fut rétabli par Léon X et Charles Quint dans son duché en 1521, duché qui revint à sa mort à Charles Quint.

Soliman Ier, SURNOMMÉ LE MAGNIFIQUE par les Occidentaux *(Trébizonde 1494 - Szigetvár, Hongrie, 1566).* Il prit part en personne aux nombreuses campagnes de son règne, en Europe centrale et en Orient. En 1521, il prit Belgrade, puis il investit Rhodes dont il s'empara en 1522 avant de battre le roi de Hongrie à Mohács en 1526 après avoir noué de premiers contacts avec le roi de France : ainsi s'esquissa l'alliance franco-ottomane de revers contre les Habsbourg. Il assiégea Vienne sans succès en 1529, mais envahit la Styrie en 1532. La même année, il subit un grave échec sur mer et signa alors une trêve avec l'Empire. Au début de 1550, il lança de nouvelles opérations en Europe.

Trivulce - Phot. Larousse.

Trivulce GIANGIACOMO, MARQUIS DE VIGEVANO *(Milan 1448 - Arpajon 1518).* Cet homme de guerre milanais qui avait fui à Naples pour avoir encouru la colère de Ludovic Sforza, offrit ses services à Charles VIII et participa à la bataille de Fornoue. Créé maréchal en 1499, il servit Louis XII, devint gouverneur du Milanais, fit prisonnier Ludovic Sforza à Novare, combattit à Agnadel et, sous François Ier, à Marignan. Desservi par Lautrec, il tomba en disgrâce.